ありのまま〟の自分に気づく

小池龍之介

角川SSC新書

まえがき

私たちは平素、今よりももっと良い感じの人間になりたがっているものです。「もっとデキる人になりたい」「もっと明るくなりたい」「成功者になりたい」「誰々から好かれる人になりたい」「多くの人から評価される人間になりたい」などなど……。

ところが、仏道においては、これら「○△×になりたい」という欲求こそ、生きるうえでの苦しみの原因であると指差され、言わば〝指名手配〟されているのです。

「○△×になりたい」というアイデンティティ欲求こそは、通常は私たちの意欲を掻き立てて、頑張る気にさせるものですね。そんな「○△×になりたい」という欲求（仏教語で「有渇愛《うかつあい》」ないし「有愛《うあい》」と呼びます）が、なぜ私たちを苦しめるのか、詳しくは本文をご覧いただくとして、ここでは簡潔に記しておきましょう。

「もっと○△×な自分になりたい」と願うことは、現在の、ありのままの自分を承認できず、現在の自分を嫌がるのと同じ心理作用をもたらします。ありのままの私たちは、けっこう弱いし、ズルいし、情けなかったりするものです。そうした、心の中にある情けない部分を必死に否定しながら、「もっと良い感じでいたいッ」とばかりに、背伸びしようとしてしまっている、ということ。

自分自身の真の（弱い）姿を極力見ないで済むようにと、私たちは背伸びして綺麗な自分の姿（それは幻覚！）を、鏡に映して惚れ惚れとしたがっているのです。

しかしながら、背伸びすることには必ず代償がついてくるものでありまして、無理な背伸びのせいで肩には力が入りっぱなしになり、いつも緊張していて、ホッとひと息つく、安息の時が得られなくなるのです。そして、何よりも重要なことには、いつまでも自分に対し、「もっと良くなりなさい」「ちゃんとしなさい」と命じ続けるせいで、自分が根っこのところで自分の弱い部分を承認できないままになってしまうのです。

こうして、根っこのところでの自己承認感覚が脆弱であればあるほど、他者から承認されることでそれを補いたくもなるものでありまして、他人の視線や言葉を気にしすぎることにもなり、他人の評価に一喜一憂して、心穏やかでいられなくなります。

仏道の眼目は、何者かになろうと背伸びをする苦しみを手放すという、気軽さにあります。本文で詳しく述べるように、何者かになるということは、結局はこの心に不満足と幻滅をもたらすものでしかないのです。何者かになるのに失敗しても苦しく、成功しても不満足と幻滅に襲われる、という不毛なゲームなのです（一切行苦《いっさいぎょうく》）。ですから、不毛な背伸び、止めてみませんか？

他ならぬ私自身が、うっかりすると背伸びして虚勢を張りたくなるがゆえに、しばしば苦しみを味わってもまいりましたし、今でも失敗だらけです。それだけに、ありのままの自分へと気づきを向けてやることで、肩の力が抜けてくれることに、どれほど助けられていることか。

現状に合わない背伸びを止めて、「もっと○△×になりたい」の代わりに、「現在の自分には、△□☆という性質があるのだなぁ」と、自らの弱点へと温かな気づきの視線を向けてやること。

ありのままの自分が抱える弱点を、否定もせず正当化もせず、ただただ、じーっと気づいていてあげるなら、その気づきの力が、自然に弱点を溶かしていってくれ、私たちはいつのまにか、少し強くしなやかに変わっています。

「もっと○△×にならねば」と変化を強要しようとするのではなく、自然に変化が生じやすくなるための、心の水やりをしてあげる。

それが仏道における念《きづき》の力であり、本書では念《きづき》を養って「ありのまま」を受けとめてゆく精神作法について、しつこいくらい繰り返し述べてみました。

ありのままの自分。強いところや綺麗なところだけでなく、弱いところや汚いところも、たくさん抱え込んでいる。私たちの心の奥底に、見たくもないがゆえに埋もれて、うめいている弱音たち。

他人は誰も、そんな弱音を本気で、最後まで聞き届けてくれません。そこまで深くは、受けとめてくれません。

ですから、自分自身で、自らへの念《きづき》を養い、弱音を最後まで聞き届けてやることにいたしましょう。

小池 龍之介

目次

『変身』にみる圧倒的な断絶感・疎外感
社会の代わりに、家族・友人の顔色が気になる時代に
「精神的自給率50％」のススメ
依存をゼロにすることは無理
無我夢中のときは自分と無関係の「承認」
他者の視線が不自然さをつくり出す
年とともに、一般性のあるルールになっていく
礼儀正しさが不快感を呼ぶことも
自然体は、それを意識しすぎれば不自然になる
他のものに依存するのはなぜか？
自己肯定は証拠にならない
自分で自立できない圧倒的な受難
是非判断を他者の視線から取り込んでしまう
自由自在の心の境地とは
偽善の仮面の内側にあるもの
微笑ましくなる距離から俯瞰してみる
自分にとっての本当の平和とは
ただ無条件に受けとめる
さみしさに居場所を与える

第3章　渇愛について　149

含意を読み取る
何事も受けとめ、抱きしめる
慈悲の気持ちを育てる
苦しみも喜びも常にあらず
身の程を知ること
背伸びをすることをやめてみる

イラスト：小池龍之介

第1章 承認について

そんなに、立派すぎなくていい

背伸びをしないで、ありのままの自分へと気づきを向ける。この本を通してそう述べている私自身、最近の苦い失敗から学んだことがあります。

それは、瞑想による精神統一が絶好調だった頃、一冊の本をスラスラ書けてしまいましたし、休日もなく仕事をしても疲れないことで図に乗ってしまい、仕事をしすぎたことです。

あいにく、やがてそのパワーもまた諸行無常で衰えるに至り、そうしましたら自己認識を、弱体化したありのままの自分に合わせて下方修正しなければなりません。私の場合、「前はあんなにデキていたのだから……」と、立派な自分のイメージを手放せないでいました。「立派な自分でありたい」という「存在欲求＝有愛」に縛られて、言わば俺様気分でい続けたせいで、弱い自分の、ありのままの姿が見えず気づかず、仕事を詰め込み続けてしまいました。

そのうち働きすぎも一因となって、仕事の質は落ちるうえに、体調まで悪化してイライラしやすくなっているのを実感するに及んで、さすがにマズい、と思いました。こうして、「自分は苦しんでいるんだ、立派じゃないんだ」と身体レベルで「苦」に気づいたとき、ようやく自分の現状を認めることができたのです。

そうしてみると、「デキる自分であらねばならないッ」と、そういう者になろうとしていた欲望がポロッと剝がれ落ちて、素の自分に戻れるのです。

肩の力を抜いて、思い切って仕事の関係者に自分の弱体化のことを話し、仕事量を減らすことができたとき、とてもスッキリした心持ちであったことです。「ああ、何者かにならなくていいんだ」と、有愛が緩んだリラックス感を味わいました。

私たちは誰しも、自分を現実《ありのまま》よりも素敵なものとして自惚れたいナルシスト。それゆえ、背伸びしすぎて、苦しみを背負い込みます。

大事なことは、素直に自分の弱さと苦しみを認めてやり、苦しみが教えてくれるSOSのシグナルに気づくことなのです。

そうしたら、あとは自分を良く見せようとする執着を手放せばいい。

そう、私たちはそんなに、立派すぎなくてもいいんです。

自己の承認とは

それではここから、古今の様々な仏教と仏教の周辺領域のいろんな知見に触れながら、現代を生きる私たちが陥りがちな様々な心の問題点を克服していくための道具として、役立てられるような内容になればと思って進めてまいります。

第1章で取り上げるテーマは、これは通底して全体のテーマとなるかもしれませんが「承認」というテーマです。

たとえば、お遊戯が上手にできたお子さんが「よくできましたねえ」と褒められる承認です。あるいは、プロ野球の選手が、バッターボックスで難しい球をクリーンヒットしたときに、それはプロの選手として承認されたと言えるでしょう。

ただし、具体的に誰かに褒められることをしなくても、ヒットを打ったときに自分自身が嬉しくなる。それは野球というゲームの中で、みんなから承認され得る行為を自分はしている、ということがわかっているから、嬉しくなっているんですね。その証拠に、もしも野球というゲームが、ヒットを打つと失点となり、みんなから非難されるようなものだとしたら、ヒットを打つと不快になることでしょう。

また、自分が今日の出来事を「こんなことがあった、あんなことがあった」と話していて、相手が「そうか、そんなことがあったんだねえ」とうなずいてくれているときに、自分の存在が承認されているような感じがするとか。そういった様々なレベルでの承認です。

承認には二種類ある

承認ということを考えていくにあたって、私たちは大まかに分けて、二種類の承認を求めているように思われます。

ひとつのタイプの承認は、社会とか集団とか一般性の強いところで得られるものです。先ほどの野球の例で言えば、バッティングが上手にできたとか、音楽家であれば上手な演奏ができたとかですね。ビジネスマンであれば、よい商品アイデアを思いついたとか、よいプレゼンテーションができたとか、自分の発表した商品の売上が良かったとか、もしくは多くの人と付き合っているコミュニケーションスキルが優れているとか。

それらの共通点は何だろうかと考えますと、それは「条件が付いている」ということです。何らかの条件・ルールの中での決まり事があって、その条件をうまく満たしたことによって評価される。満たさないと、非難されたり、排除されたりする。そういったタイプの承認を、私たちは結構強く求めていますから、それを動機に仕事を頑張ったり、人前で道徳的に振る舞ったりするものです。

けれども、人々に評価されるための条件を満たさないと承認されないということは、なかなかしんどいことです。こういった一般性の高い承認を与えてくれるのは、社会全体とか、職場全体とか野球界や音楽界などです。ちなみに音楽に興味がない人からは、どんなに演奏会で上手に演奏したとしても承認されることはないですよね。

あるいは、絵画にまったく興味のない人や絵の嫌いな人に、上手な絵を見せようが下手な絵を見せようが、どっちにしても承認されないですよね。もはや、絵を描いているという時点で、絵が好きでない人からは承認されません。

ですから、何らかの共同体というか、何らかの条件・ルールを共有した人たちの中でこそ、その条件を満たして上手にできたというときに、自分が承認されて価値のある存在なのだと認められるのです。

裏を返しますと、それは条件が満たせないときには承認されないということがついて回りますから、仕事がうまくゆかないときや、体調が悪くて頑張れないときなどは「承認が得られない」という不快感に悩まされがちです。それゆえこれは、コンスタントに自分を支えてくれるものとしては、ちょっと弱いところがあるんですね。

ですから、私たちはそういった条件付きの承認を求める一方で、「無条件の承認というものを得られたらいいなあ」と思っていたりもするものです。それは、先ほどの第三者的な集団的なものというよりは、プライベートな関係において愛情によって、無条件に承認されたいという、欲求として生じがちなものです。個人、「私にとってのあなた」、すなわち「君」という存在から無条件的に承認されたいという気持ちが強いのです。

多くの人は、できれば「自分が何かをしたから」とか、「何かを満たしたから」とか、「何かを上手にできたから」といった理由で承認されるのではなく、無条件にとにかく「自分が自分である」という理由だけで承認されたいというふうに希望しているのではないでしょうか。「多くの人は……」なんて、他人事のように澄ましたことを申しましたが、これを述べている当の私自身、心の奥にそうした欲を抱えているがゆえに、「こんどこそこの人なら」と幻想を抱いては、痛い目にあうのですよね、トホホー。

社会の中でバラけすぎている価値観

そして、現代社会における皮肉というものを考えてみると、私たちは周りのある特定個人から承認されたいという気持ちが、昔よりも強くなってきています。なぜ強くなっているのかについて、社会学的に考察するなんてことをうっかり始めてしまうと手に負えないほど壮大になってしまうので、後に引用する『「認められたい」の正体』を参考にしつつ、身近な視点からさわりだけ考えてみたいと思います。

昔の社会ですと、集団の中で承認されるためのルールや基準がシンプルで、ごく自然に承認が得られていました。ある特定の価値観とか、ある特定の宗教とか、この共同体ではこうすることが正しいとかが完璧に決まっていて、それをその通りにしていれば、「それであなたはもう大丈夫です、立派です」という承認が確実に得られていました。

ヨーロッパですとキリストの価値観ですとか、日本の中でも数十年前までは、おそらく私が生まれる三十数年前までは、女性はこういうふうに生きていれば社会から認められるとか、男性はこういうふうに生きていれば生まれてきた意味があるとか、ある水準の学歴でまっとうな仕事をして家庭を持っていればそれはとても立派なことだとか、というふうに、ほとんど誰もに納得してもらえるし、承認してもらえるというシステムがありました。

ゆえに、こうして社会的に承認されることによって、自分の価値を無意識的に確かめることができていた人たちにとって、承認が足りない分を、プライベートで身近な人たちから承認されることによって補おうと、必死になって求めなくてはいけない理由は、今ほどはなかったように思われます。

価値観の多様化とか社会の流動性の増加とか、そういうことに関しては宮台真司さんなどの鋭い社会学者の方が分析された著書を読んでいただきたいと思いますが、「私たちがこうすれば価値がある」と思っていることが今の世の中では、あまりにも社会の中でバラけすぎていて、「ちゃんと収入があって結婚していて、マイホームが持てていたら、まっとうなのだ」というような形での承認は、もはや必ずしも成り立たなくなりました。中には、そういう発想の人も生き残っているとは思うのですが、それはもはやマイノリティのごく一部の考えという位置付けになっている。そういうのではなくて、何らかの形で自己実現をしなくてはいけないんだ、自分の価値というものを社会の中で打ち立てなくてはいけないんだ、という考え方のほうが主流になっています。

自分の存在価値を補給するもの

それでは、どうすることが自己実現なのかということを問うてみれば、１００人が１００人違う答えを持っているはずです。

ある人は「ゲームをすることが自己実現だ」「仕事で独創性を出すことが自己実現だ」などなど思っていても、他の人は「それは自分にとって大事なことじゃない」と思っているわけですよね。あるいは、昔だったら、他のことはすべて諦めて子育てに没頭し家の生活のことをきちんとしていたら、それは社会的に素晴らしいという価値観があり、自分で自分の価値を納得・承認できたかもしれないのですが、今は「いや、そういうのは家庭に埋もれて社会の中で立場が得られないし、平凡で、つまらない」という価値観が広がっています。ですから、せっかく専業主婦になって立派な奥さんになろうと思っていましても、「もっと社会の中で自己実現したほうがいいんじゃないか」という意見が耳に入ってきたりしますよね。

すると、自分の価値、やっていることの価値というのを確信できなくなってしまいます。そんな具合に、何をやっていても、自分と違うことをやっている人たちとか、自分と違うことに価値を置いている人たちがいますので、そういう人たちの存在や発言に直面すると、自信が持てなくなる。「本当にこれでいいのかしらん？」と不安になり、承認感覚が脅《おびや》かされる。私たちは一定のルールに沿って、それなりに評価されて、それなりに承認されていたとしても、こうして不安になってしまうので、それをもって自分を強固に支えることができなくなっているのです。

そうして、自分を支えることができなくなった私たちは、何によって自分を支えようとしているのか、ということを考えてみれば、自分のお父さん・お母さんが自分を承認してくれるとか、自分の子どもが自分を承認してくれるとか、恋人が承認してくれるとか、パートナーが承認してくれるとか、友だちが承認してくれるとか、クラスメートが承認してくれるといった形で自分を支えようとするため、身近な人たちの視線をとても気にしなくてはならないということにつながっていくということがわかると思います。

社会とか一般的大多数というものに、知らず知らずに私たちの価値観が支えられている場合には、それだけである程度は心が自足して安心します。ゆえに、その場合はプライベートでの「あなた」という二人称的存在への依存度を上げなくてはならない理由はないのです。

昔は男性も女性も今よりは社会的承認によって支えられていたと思うのですが、それでも男性と女性のどっちかと言われれば、男性のほうがより社会と密接につながっていて、社会からの価値のサポートをより受ける立場にいました。

ですから、昔に遡《さかのぼ》れば遡るほど、男性がより社会での承認を重視していて、女性のほうは社会的に承認されにくい立場にいた分、それを補うために「あなた」という存在からの承認を求めていたものです。その名残りが、今でも「男らしさ」や「女らしさ」という考えとして、微妙に生き残っていますよね。

女性は社会からの支えがより低い分、「あなた」ないしは身近な存在、子ども、友だちといったものから、自分の存在価値というものを補給しなくてはならなかったのです。

麗《うるわ》しい言葉が意図するもの

さて、ここからは「承認」というテーマを語るにあたって、釈迦《ブッダ》の教えや言葉をまとめたパーリ語の最古の経典である『経集《スッタニパータ》』を中心に、仏教以外の諸分野の知見をも幅広く参照しながら、考察を進めてまいりたいと思います。引用しました『経集《スッタニパータ》』は、私なりの解釈でやや強引に自由訳させていただいた箇所もありますが、あくまでも原文に基づいて、元の意味を壊すことのないようにしております。

友人たちに対し
実行の伴わない
うるわしい言葉で語るなら、
賢者たちは見抜いてしまう。
言葉だけがうるわしいのだと。
（『経集《スッタニパータ》』第２５４偈《げ》）

この言葉を取り上げて、ここで何を読み取りたいのかと言うと、私たちはとても言葉が麗しくなっている、ということです。何のために麗しくなっているのかを考えてみると、それは「他者からの承認を得たい」からだと、思い当たるのではないでしょうか。

たとえば、オペラに誘われたとします。オペラって、とても好きな人もいる反面で、劇の途中で大きな声で歌いだすなんて理由がわからない、納得できない、という人も多くいると思うんです。

でも、納得できない人でも「この人には嫌われたくない」という人からオペラに誘われたら、ちょっと断りにくいかもしれませんよね。

「オペラですか～、行きたいのは山々なのですが～」と悩ましい思いで言いながら、なんとか麗しい言葉で断ろうとしますよね、相手に嫌われたくない場合は。

「明日ですか。明後日なら大丈夫だったのですが、明日は叔母の家に行ってお手伝いすることがあって、従兄弟もとても会いたがっていたので、断ったら申し訳なくて～」と、そんな言い訳の言葉が、麗しい言葉になってしまうわけです。きれいな言葉に聞こえて、相手が嫌な気持ちにならないで済む。断られても、自分が拒絶されたというふうに感じないでいいようにする。

一見すると、これはいい言葉、相手のために言っているのだからいいじゃないか、というふうに思われるかもしれませんが、麗しい言葉で取り繕おうとしていること自体が、他者からの承認を気にして自らを苦しめているのです。こんな具合に、本当は思っていないことを言って「いい人ぶる」のって、けっこうストレスがたまりますよね。こうして嘘をつき、気に入られたいから「へー、すごいですねー」などと思ってもいないオベンチャラを言うとき、私たちは相手からの承認を失いたくないばかりに「背伸び」をし、疲れているのです。

自己不全感と過剰適応

次は、『菜根譚《さいこんたん》』という中国の古典から取り上げてみました。ちなみに、『菜根譚』というのは仏教と儒教と道教という、伝統的な宗教のいいとこ取りをしたような箴言《しんげん》集です。

利を好む者は、道義の外に逸出《いっしゅつ》し、
其の害顕わるるは浅し。

名を好む者は、道義の中《うち》に竄入《ざんにゅう》し、
其の害隠るるは深し。
（『菜根譚』前集191項）

この句は、どういうことを語っているでしょうか？

「利を好む者」、明らかに自分の利を優先する態度というのは、あからさまに見た目から良くない感じがわかるので、「ああ、良くないなあ」とわかり警戒もしやすく、その分、害はそんなにない。よく目立つものの、害は大したことない、浅いということですね。

それは、先ほどの例で言えば、自分は誘われたオペラには行きたくないという、自分の利益を優先するという感情が強かったとして、もし「えっ、オペラ。あんな途中で急に歌いだすもの、まったく行きたくないです、ゴメンネ」というように、自分の自己中心的な思いを明けすけに伝えるのは、好ましいとは申せないながらも、正直であり裏表がない分だけ清々しく、まだ害は少ない、と言えるでしょう。ですから、へたに偽善的なことばかり言って本音を隠す人よりも、本音で毒舌トークをする人のほうが安心感があり、人気を博すこともあるのだと思われます。

そして次の「名を好む者」は名声を欲しがる者、言い換えれば他者からの承認を求める者です。その後の「道義の中に竄入」というのは「道徳という、言わば隠れ蓑の中に隠れてしまう」。つまり、「自分はあなたを傷つけないために道徳的なことをしている」という思い込みの中に隠れ入っているので、その本音は隠れているために一見害がないように思えてしまうが、気づきにくいがために非常に害がある、強烈なものがある、ということですね。

その害は、騙される側からしてみると相手の本音がわからないままになるという形や、あとで嘘だとわかったときに「信用できない」と感じることになるという形などで、生じます。ただし、「うるわしい言葉」は騙される側にとって見抜きにくいのみならず、騙す側の私たち自身も、「相手を傷つけないために」という大義名分のもと、「本当は相手からの承認を失うのを恐れているだけ」という真実に気づけなくなりがちです。こうして、自然な気持ちを隠して、嘘をつくのが癖になりますと、私たちは自己不全感を抱えこむようになるものです。「本当はそうじゃないのになあ」という自己不全感ですね。「本当はオペラなんて嫌いなのに、それを相手に伝えられないなあ」とか。

カフェなんかでお茶を飲んでいると、とても高い声で話をしている複数の女性のグループがいたときに、誰かが何かについて「いいよね～」という発言をしたら、ちゃんと吟味してどういうふうにいいのかを考える時間などないだろうなというスピードで、他のみんなが「そうよね～、そうだよね～」という感じで相槌を打ち合う。

　それで、そうして、本気で思ってもいないのに過剰に同意する害というのは、「いや、ホントの自分の気持ちはそうではないのになあ」という自己不全感を蓄積していくことになるのです。

　たとえば、人から本を借りて返すときに感想を求められたら、つい表情を引きつらせながら「面白かったです」とか「楽しかったです」とか、ね。「『楽しかった』と言うだけだと、嘘っぽく聞こえるかなあ」だなんて思い始めると、思ってもいないことをひねり出して「奥深かったです」とか「興味深かったです」などと話してしまいますよねえ、いやはや。

　あるいは、もう少し積極的に相手に媚びるクセがついてしまった人は、相手が自分の子どもの話をするなら、「あなたの話をちゃんと聞いてますよ」というアピールのために、「お子さんがいらっしゃるんですね、へえ～、お名前はなんて言うんですか？　へ～、愛華ちゃん、カワイイ名前ですね。きっと愛らしいお子さんなんでしょうね～」なんて、背伸びをしちゃうとか。

あるいは、本当の自分はもう少し暗い人間かもしれないのに、人といると勝手にテンションが上がって妙に明るくなってしまう、なんてこともあるものですが、おそらくこれにも承認の問題がこびりついています。以前、テンションが上がって明るかったときに、一緒にいた人たちに受け入れられ溶け込みやすかった（＝承認された）という記憶がこびりついているので、明るく振る舞わないと承認されないんじゃないだろうか、という教訓に基づいて、いつの間にか場の空気を過剰に読んで「過剰適応」してしまう。そこまでしなくても、十分に承認されることはできるのに。

自然体を縛るもの

私が講座などで話をしていて、あるとき、ふとギャグを言って笑ってもらったことがあるとするじゃないですか。笑ってもらえるのは承認されていると感じられますから、嬉しいものです。けれども、それに味をしめて、もっと笑ってもらうためにギャグをいっぱい言わなきゃと調子に乗り始めると、ちょっとしんどくなる。最初にポロッと出たギャグに対しては「自己不全感」というのはそんなにありませんよね、自然な行為ですから。

ところが、一度笑ってもらったのに味をしめて、承認を得るためにギャグを言わなければという感じになっていると、この心が自然体ではいられなくなり、背伸びしようとして落ち着きが失われていく。言い方を換えれば、どんどん自己不全感が増大していく。本当はもっと自然体で楽にしていたいのに、頑張らなければいけない。この「何々しなければいけない」「ねばならない」というのが、いつの間にか私たちを縛ります。

一見すると、ギャグを言うとか、楽しくするということは、楽しむのですから「ねばならない」とは対極のようですが、実は「ねばならない」というのは、楽しむということと一緒にこびりつくというか、共犯関係になりやすいんですね。

なぜなら、人と一緒にいて楽しいときや笑っているようなときは、相手に承認されている感じがするので、ついつい「楽しまねばならないッ」と、楽しくない義務感を背負い込む羽目になるのでしょう。

現代社会では躁うつ病に陥る人が増えていると言われますが、人前にいるときだけ躁状態なのに、一人になったらうつ状態になり、また人に会ったら躁状態になったり、ということを繰り返している元凶のひとつには、承認されたいという欲望に基づいて、空気を読んで演じなければならなくなっている、ということがあると言えると思います。

演じれば演じるほど、過剰適応すればするほど、自己不全感は増していくのです。本当はもっと楽にしていたいのに、本当はもっとこういうことを言いたいのに、本当はこういう意見もあるのに、ということを抑え込む方向へと、ついつい進みたくなる。結果として、それがストレスになっていく。

そういう意味で、『菜根譚』前集191項を読み返してみると、その含蓄を味わえるのではないでしょうか。

その解は「偽善」ですね。その場を取り繕って、相手を傷つけないためという美名に隠れているのは所詮、「嫌われたらどうしよう」という脅えです。美名でごまかすと、そうして背伸びしていることに自分も気づかなくなるので、害が深いのです。

二者承認と三者領域での自由の確執

次は、ちょっと毛色が違う本ですが、書評の仕事がきっかけで読み、面白いと思った、漫画家のさかもと未明さんの本からです。『女子のお値段』というタイトルなのですが、リアリティと洞察力があっていい本だと思います。

その後体験した東京の独身生活も、
最初は自由で幸せでした。
でもいつの間にか、それがまた足かせになっていたのです。
普通に愛されて恋愛したいと思っても、
男性達は私を真剣な恋愛対象に見てくれません。
そうでなければ、仕事をやめろと言うのです。
男性は、自分と付き合う女の子には、
どうしても清純で弱くいてほしい。
それは、「遊び人」と言われる男の人も同じでした。
彼らは上手に遊び相手と彼女を使い分けているだけで、
本音は「自分だけを愛してくれる、地味でも真面目な子がいい」
というところにあったんです。
（さかもと未明『女子のお値段』小学館）

最初にある「その後」というのは、彼女が結婚生活をおくっていた際に、漫画家で、しかも性的な描写の多いレディスコミックというジャンルでいろいろ描かれていて、それを結婚当時、ご主人はとても嫌がっていたそうです。

ひとつには、性的な題材を自分の奥さんが描いているということに関して、「できれば性的なことというのは、自分のためだけに取っておいてもらいたい。浮気とかそういうことではなくても、第三者、一般の不特定多数に向けて、そういう内容を発信しているというだけで、なんとなく浮気されているのに近い気分がする」というご主人の心持ちで、「もうやめてほしい」と何回も言われていたと。

それだけじゃなくて、彼女の仕事が順調で年収がどんどん増えていくにしたがって、ご主人の年収より明らかに高くなっていく。というときに、ご主人は男女平等とかいう建前で構えていられなくなった。本音のところでは「自分のほうがちょっと上で、か弱い女性を養ってあげている」という立場で、自分の有力感=存在価値を確かめたいのに、むしろ「自分のほうが力が格下だ」という状況を実感させられ続け、それが嫌で軋轢《あつれき》の原因となり、最初は仲がよかったのに段々すれ違うようになって、最終的に離婚したということなのです。

それらのことを踏まえての「その後」です。「体験した東京の独身生活も、最初は自由で幸せでした」。

ここがポイントですね。最初だけ、自由に感じる。彼からのメッセージである「これをやめてほしい」「漫画を描くのも、できればやめてほしい」「描くにしても、そういう性表現などはやめてほしい」という要求によって、なんらかの束縛を受ける。ゆえに、少なくとも離婚当初は「自由になった」と感じていたらしいのです。

「でもいつの間にか、それがまた足かせになっていたのです」の「それが」というのは「自由」ですね。自由が足かせになっていたわけです。

「普通に愛されて恋愛したいと思っても、男性達は私を真剣な恋愛対象に見てくれません」と続いていますが、ここで葛藤があって、葛藤のひとつの局面にあるのは、自由という先ほどのキーワードですね。「自分の好きなようにしたい」「自己利益を最大化したい」「自己実現をしたくてたまらない」という気持ち。これは、第三者的な承認を求めていることと申せましょう。

それで、さかもとさんの本に書いてあったのは、当初、それを丸ごと理解してくれる男性が現れないかという気持ちで、いろんな男性にアプローチして様々な遍歴を重ねた、ということでした。

しかしながら、そのようなことを丸ごと理解してくれる男性というのは決していないということに、ぶち当たってしまったということなのです。

ところが、第三者的な承認というものは、あんまり強烈に求めすぎると、第二者からの承認を失うことになりかねません。第二者の立場からすると、その人は自分が守ってあげる対象とか、自分がいなければいけない存在というふうには、見えにくくなってしまいます。庇護する相手、庇護という言葉を「愛する」ということと似たような意味で使うとすれば、庇護したい対象にはもちろんならないですね。すでに強いですから、社会的に、とても。

そういうわけですから、結果として、男性がいくら「君は自由に生きればいいよ」とか、うるわしい建前で言っていたとしても、それはさかもとさんが言うには、そういうことを言う男性は自分の奥さんにはとても清純でいてもらいつつ、遊び相手の女性には「自由でいてもいいよ」と言っているだけのこと。実は、「第二者から承認されたい」ということと、「第三者の領域で自分の勢力を拡大していきたい」という自由の願望の間には、必ずしも両立しない何かがあるようです。それでも、その両立しないものを両方欲しくなるのが人間で、そんな不可能なものを求める不条理な感情に、仏教が与えた名前が、渇愛です。

自己不全感を助長しやすい社会

　では翻って、相手が第二者であれ第三者であれ、私たちはなぜこんなにも強烈に、「他者から承認されたい」という欲望に突き動かされているのか、そして二者関係を重視しすぎる場合、相手に気に入られるためにいろんなものを諦めなくてはならないのかということについて考えてみたいと思います。

　さかもとさんの場合は、彼女は諦めなかったので離婚する羽目になったわけですが、離婚という婚姻関係の話だけにすると間口が狭くなってしまうので、より一般的な例を考えてみると、私たちが一人で遊びに行きたいと思っているときに、誰かから誘われるとします。

　それで、主観的には「好きな人から誘われたから、それなら一緒に遊ぶのも楽しいかなあ」と思って引き受けたにしても、心の中ではもともとは一人で遊びに行きたかったとか、映画を観に行きたかったとか、旅に出たかったとか、自分なりのスケジュールがあったという思いがどこかに隠れています。ですから、友だちと遊んでいてすごく楽しければその恨みは見えにくくなりますが、誘われて一緒に行った映画が運悪くつまらなかったりすると、隠していた自己不全感が噴き出してきますよね。

「本当は何々したかった」「本当は一人で遊んでいたかった」「本当は家で寝ころんでいたかったのに、こんなにつまらない映画を観る羽目になってしまった。あなたが誘ったからよ」ということを言って、彼からは「でも、前に君が映画を観たいと言っていたから、誘ったんじゃないか」と言われ、責任を擦《なす》り合うかもしれない。

その背景には、自分がもともとしたかったことよりも、相手からの承認を優先してしまったことへの、ちょっとした恨みのようなものがどこかに隠れていがちなんですね。

それで、先ほども取り上げた「第三者的な承認」というのは、未だに強い力を持っているのですが、価値観があまりにも〝タコ壺〟化していて、たとえば漫画界というのも多数の価値の一角にすぎませんから、そこにおける成功のみでは、心が満ち足りることはありえません。漫画というものに、そんなに強烈な価値が本当の本当の本当にあるのか。本当の本当の本当に価値があるのであれば、漫画で成功していさえすれば、さかもとさんにとって男性からの二者承認というのは、いらなくなるはずなんですよ。漫画だけで自足できるはずですから。

ところが、そうはいかないんですね。なぜなら、漫画に価値を見出していない人が世の中にはたくさんいて、その人たちの振る舞いや価値観に接するにつれ、「自分の価値観は間違っているかもしれない」という脅迫を受ける羽目になるからです。

ですから、価値がのっぺりと一様な社会の中で生きている間は、このようなことで悩むことはなかったかもしれませんが、現代日本のようにあまりにも価値観が複雑に分裂して、人々が手前勝手なことを言いまくって、もがき続けているような社会の中だと、う〜ん……。結局、自己実現とか、自由とか、みんな好きなのですが、それを追求しても結局、それには確かな支えがないため不安になってしまうようなところがあるんですね。不安になって、自分を支えられなくなるようなところがあって、それゆえプライベートで承認されるところに、何らかの支えを見出したくなってしまいがちになるのです。

こうして、第三者的な承認が力を失いつつある現代において、その代わりに力を持っているのが第二者の承認なのです。それゆえ、承認を失うことを恐れて、「あなた」というものに対して過剰に屈服してしまったり、その人に認められるために自分の思いを過剰に断念したりして、ストレスが溜まりやすくなっている状況であると言えるかもしれません。

その境界線上にあると思えるのが、家族とかと比べてより第三者的な職場の人とか、学校のクラスメートとか先生とかなのです。しかし、職場を例に言うと、その人たちは家にいるときは第三者的なのですが、職場にいるときは目の前にいるので、第二者的な、あなた的な側面を醸し出しているのです。
そうすると、職場などの自分が属する集団の中で承認されたいという思いがある一方で、もう一方ではその人たち個人に認められなくてはならないので、嫌われないために、いろいろと美しく取り繕わなければならない。偽善のスーツをまとわなければならない、という状況下に置かれていて、これは自己不全感を助長しやすい社会であると言えそうです。

自己承認は成り立たない

続いて再び、『経集《スッタニパータ》』から釈迦《ブッダ》の言葉を引いてみましょう。

誰かに質問されてもいないのに
自分が戒律や正義を保っているのを
他人に言いふらしたがる人は
まさに自分について
おしゃべりしている。
そんな彼を智者たちは

汚れた人と言うだろう。
(『経集《スッタニパータ》』第782偈)

この言葉から現代的事例として思い当たるのは、今の世の中で、自分が「エコ」とか「ボランティア」を実践していると述べる、ということは何を意味しているのか、ということです。

「あなたはエコロジストですか」と尋ねられて、「はい、エコロジストです」と答えるのはすごくまっとうなことなのですが、こういう質問は日常会話では普通されないですよね。「あなたはボランティアをしていますか」という問いかけも、あまりされないと思うのです。

ということは、世の中でこれらのことについて語っているほとんどの人が、誰からも質問されていないのに、自分からしゃべり始めているということなのです。わざわざ自分から進んで、「自分はエコカーに乗ってる」とか「最近、節電のために○○をしてるんです」などと、自分についておしゃべりしているのです。

ここで取り上げた『経集《スッタニパータ》』第782偈の「戒律」や「正義」を保っているというのは、

原文では修行僧に向かって説かれているため、「戒を守っている」というものですが、それを現代的な言い方をすれば、「正義とか善とか正しいことをしている」ということですね。

「自分はこういう立派なことをした」とか、それがあからさまに自慢しにくければ、何かのことにかこつけて言うとかですね。「かこつけて」とは、たとえば次のような感じです。

「私はボランティアで、こんなにいいことをしました」と言いにくいときに、「この間、ボランティアに行って、現地の人の話をいろいろ聞いてきたんだけど、その場で出会った被災者の方が、自分自身も大変なはずなのに、疲れている私を励ましてくれて、感動しました」とか。それで、話題の論点の中心は、そこで出会った人が素晴らしかったということを言いたいかのように見せかけて、それを枕詞《まくらことば》のように自分がボランティアに行ったことを間接的に自慢しようとするとか。そういう少し回りくどい言い方で、自分がいいことをしているということを表現しようとすることもあるものです。

ストレートに自慢したいことが言いにくいなあ、馬鹿にされるかなあ、と思うときに、こういう例は本当にたくさんあると思われます。

「自分がした」と直接言うと、自慢話として鼻につくかも、と恐れるがゆえに、「自分がそれをしたときに、こういうことがあった」と後者のほうが言いたいかのように見せかける。話題の持っていき方として。

そういったことを他人に言いたがる人というのは、まさに自分で自分についておしゃべりをしている、自分で自分について言及しているのです。

『経集《スッタニパータ》』第782偈では「そんな彼を智者たちは汚れた人と言うだろう」と言っています。原文では「聖者ではない」、つまり「汚れた人」と言っているのです。

ところで、「自分は立派なことをしている」と自分で言うのは、なんとなく恥ずかしいことなんじゃないだろうかと、誰もが瞬時に気づくようなことですよね。

老子や荘子の老荘思想の中には、自分が立派になったことを口で言うとか、自分がエコな生活をしていて自然な生活をしているということを口に出して言いたがる時点で、それはもう自然ではないという思想があります。

そういった視点から、自分のことを見せびらかすのは汚いよね、というニュアンスで理解することが、一方ではできると思います。

他方で、ちょっと違う次元から見てみると、このようなことにも思い当たると思います。

自分で自分について、「自分はこれだけいいことをしている」とか、「これだけ優れている」などと口にしたところで、それには信憑性があるのだろうかということです。借金をする際、自分が自分の保証人になることができるのだろうか、それは明らかにできないですよね。

それで、「自分は立派だ」「自分は優れている」とどんなに言っても、「そりゃ、自分で思い込んでいるだけでしょ」ということになりかねず、弱いのです。それを構造的に言い換えると、次のようになります。

「自分が自分を承認する」ということは説得力を持たず、それは成り立たず、自分が自分を支えることはできない。まさにそれゆえに、他者の支えが必要になってしまう、ということが言えるのだと思います。

印象の積み重ねによる正当性

もしも

「自分は清らかである」と

思うことで清らかなことになり

「自分は正しい」とか
「自分はかしこい」とか
思うことのみで
正しかったりかしこかったり……
ということになるならば
知性なき正しからざる人など
どこにもいないことになる。
（『経集《スッタニパータ》』第８８１偈）

　みんな自分は立派だとか、賢いと思いたい。自分がよりすばらしい人間になりたい、と思って生きていますから、自分が思ったことが正しいと何らかの形でいつも思っています。

　たとえば、あるテレビ番組を見て面白いと思ったら、自分が面白いと感じた印象が間違っていると考える人は皆無だと思うんです。面白いと思ったことは正しいと思うはずです。

　また、新発売になったチョコボールのミント味、実際にはない味ですが、それを食べた子どもが美味しいと思ったら、お母さんに向かって「ママ、これ美味しいよ、食べて」と持ってくる。それは、自分が美味しいと思ったのは間違いがないと思っているからですが、それを食べたお母さんは「ミント味がきつすぎて美味しくない」と答えるかもしれません。もしくは、否定されたくない子どもの気持ちをおもんぱかって、実際は美味しくないけど「ええ、美味しいわよね」と我慢して言ってしまうお母さんがいるかもしれませんが、それは先ほどの承認における葛藤の話になりますね。

それで、自分はいつも正しい、自分の持った印象が間違っていると思うことは通常ありえなくて、「美味しい」と思ったら、「美味しい、のは間違っていない」と思いますし、テレビ番組が「面白い」と思ったら、「面白い、のは間違ってない」と考えて、そのようにして、自分の正しさというものをたくさんたくさん積み重ねていく。いろんなものに対して、「これは正しい」という自分の持っている印象を積み重ねていきたがる性質が、私たちの脳にはあるのです。

ところが、この『経集《スッタニパータ》』で述べられているのは、そうやってみんな、自分で自分が正しいということにできてしまうのであれば、誰一人正しくない人が世の中からいなくなるだろうし、誰一人知性のない存在というのがいなくなるであろうということです。

裏を返せば、こうやってみんな、自分で自分を勝手に正しいと思い込もうとしている結果として、「誰も正しくない」という状況になっていて、誰もが愚者、愚か者である、というのが現状である、ということです。仏教的にみると、人間が主観的に感じるすべてのことは、現実を脳が歪めて解釈した妄想であり幻なのです。ありとあらゆることに関して、「面白い」「面白くない」ということで人が言い合っていたり、「賛成」「反対」ということで言い合っていたり、神が「いる」「いない」で言い合っていたり、「釈迦《ブッダ》のほうがいい」「キリストのほうがいい」と言い合っていたり……。

言い合って同じ土俵に立つことによって、すべてのことが正しくなくなっている、ということが現実なのですが……。

そして、自分が正しいと思って自分で自分を支えようとしているのですが、不安になってくるんです。みんな、そうやって支えようとしているんですけど、「たぶん」というのが付くんですね……。たぶん、正しい、と。

それで、不安なので、先ほどのチョコボールの話を例にすると、子どもはお母さんに「ママ、美味しいよ」と言いに来る。そして、お母さんも「美味しいね」と答えると、「ママも美味しいと言っているから、自分が美味しいと思っていたことは、そんなに間違いじゃなかったんだ」と思うわけです。

でも、小さい頃はママとかパパが世界のすべてですから、その承認を得たらなんとなく自分を支えた気分になれるかもしれませんが、それって世界の何十億分の一の意見じゃないですか。となると、もっと多くの保証者が必要になってくるというのが、人生のつらいところなのですね。

自己肯定の裏返しの他者批判

次も同じ『経集《スッタニパータ》』からで、先ほどの第８８１偈に続く第８８２偈です。

愚か者たちが互いに
「あなたは間違っている」と
投げかけあっている言葉を聞いて
私は「それは真実《ほんとう》だ」とは
説きはしない。
彼らは自分の見解を
自分の脳内で勝手に正しいと

見なしたのだから。
ゆえに彼らは他人を
愚か者と決めつけるのだ。
（『経集《スッタニパータ》』第８８２偈）

ここで「あなたは間違っている」と投げかける、というのは、「私は正しい」「私は面白いと思ったんだ」とか、「あなたがそれを面白くないと思うのは間違っている」とか、そういうことを言うことも含んでいます。

あるいは、仏教を信じている人がキリスト教を実践している人に対して、「あんなものを信じているのは間違っている」というのはイコール「自分の信じているものが正しい」ということなのです。

世界中の人たちがそういうふうに投げかけ合って生きていますよね。あらゆることに対して、ああだ、こうだと意見を戦わせている。

その投げかけ合っている言葉を聞いて釈迦《ブッダ》は「それら対立する意見は、どちらも真実ではない。彼らは自分の考えを自分の脳内で勝手に正しいと見なしたゆえに、他人を愚か者と決めつけているのだ」と語っているのです。釈迦《ブッダ》は、私たちが自分の感じたことを「間違ってない」と錯覚してそれに執着しがちなのに対して、「それは自分で勝手に正しいと見なしただけの妄想にすぎないよ」と教えてくれているのです。

普遍的な視点からの承認

次は、ちょっと毛色の変わったところから引用してみましょう。

ジャック・ラカンという精神分析家の精神分析について、新宮一成教授が書かれた『ラカンの精神分析』から引用しました。

私の真の姿は、私を含めた我々という普遍的な視点から、明らかにされねばならない。
そのような視点から私を見ていると、想定されるものが厳密な意味での「他者」、すなわち「大文字の他者」である。

（中略）

私が、我々に共有された言語という視点、大文字の他者の論理を用いて、私の存在を存在すべき必然性を持ったものとして構成できるかどうかが問われているのである。

（新宮一成『ラカンの精神分析』講談社現代新書）


少し意味を取りにくく感じる文かもしれませんけれども、これも実は先ほどと同じ事柄を別の側面から述べているのです。

ここまで第1章で取り上げてきた文脈から、「自分が自分を支えるのは大変な困難なことではないか」「誰もが自己承認ができないことに怯えて、他者からの承認による支えを必要としているがゆえに、他人に媚《こ》びて背伸びをし、自立性を失っていくのではないか」という話を進めてきました。それは別の側面からしても、そうあらざるを得ないような側面があります。

「私の真の姿」、自分は本当は何者であるかということに対して、「自分はこうである」と思い込んでいればそれで済むのかと言えば、それはまったく真理であるとか、正しいということにはなりえない。それは先ほど、釈迦《ブッダ》が口を酸っぱくして教えてくれた事柄でした。

というわけで、「私はこう思う」だけでは足りない。「私を含めた我々」という普遍的な視点から自分が承認されないといけない。「私を含めた」とはどういうことかと言うと、私を除いた単なる一般論ではなくて、私を含めた全体、自分も入っている全体の中で自分が認められなければならない、ということです。

それで、そのような立場から自分を見ている他者すべてというか、他者すべてが自分のことを見るということは現実的には決してありえないので、理念的で抽象的なものなのですが、「みんながそう言っているよ」なんて言いたくなるときに、なんとなくおぼろげに、私たちの頭の中でつくり上げられている、抽象的な他者一般「みんな」の視点から見て、自分はどうなのか、ということが、私たちにとって大変気になることになる。

そのことを、ラカンの分析では「大文字の他者」と呼んでいます。こういうラカンが好むマニアックな用語自体はあまり気にしなくてもいいと思うのですが、「大文字の他者」の「他者」はフランス語で「autre」と言って「他者」「他人」「他の」、英語で言うと「other」に当たるのですが、最初のスペルの「a」を大文字で「大きな」というニュアンスを込めて「Autre」にしているのをとって「大文字の他者」と日本語に訳されていることが多いのです。

それで、「大文字の他者の論理を用いて」というのは、「みんな」という、よくわからない、おぼろげな、その真意がつかめない、謎に満ちた、他者一般と言えるべきもの、彼らが語っている言葉ですね。そのような一般性の高い論理によって、自分が存在する必然性を持ったものとして構成できるかどうか。

「私の存在を存在すべき必然性を持ったものとして構成」というのは、つまり「自分の存在が生きていてもいい」というお墨付きをもらえるかどうか、「自分に生きている価値がある」というお墨付きをもらえるかどうか、「自分が生きていることは正しくて間違ってはいないんだ」というお墨付きをもらえるかどうか。

ということは、「他者一般から自分が保証をもらえるかどうか」ということに、自分の存在がかかっていると言えると思います。そして、まさにその保証はいつまでたっても得られない（なぜなら、他者一般が自分をどう思っているかは確定できないから）がゆえに、私たちは必然的に不安に陥るのだということを言い当てている、と申せそうです。そう、何度も何度も、私たちは「自分は本当にこれでいいのだろうか？」と不安に陥るのです。

それでも、人間は「自分は〇〇である」とイメージすることで自我を安定させたい欲望を持っています。その欲のことを仏教では有愛《うあい》（＝存在欲求）と呼ぶのですが、たとえば私がこの話をしているときに、「良き語り手でありたい」と欲するのが有愛なのです。

ところが、今、講座の内容をベースに本をつくるため、こうして加筆・修正するためにペンを握っておりますものの、自分が話した講座の内容を不満に感じたり、つまらないと感じたりする都度に、「良き語り手でいられていないのでは……？」と突きつけられ、有愛ゆえに不安に陥るのであります、トホホ。つまり、不安ゆえにそこから抜け出したい有愛があり、有愛があるまさにそのせいで、有愛が挫折するたびに再び不安に逆戻りするのです。

確信が持てない他者承認

次は、先日、曹洞宗の研修会の場で南直哉《じきさい》師というパワフルな口調で畳み掛けるように話される、知性鋭い禅僧がおられまして、その方が話した言葉の中にあったものです。うろ覚えなので、話された言葉そのものではないかもしれませんが、諸行無常ということに関して独特の解釈を下しておられたので、ここで紹介したいと思います。

自己存在が
無根拠だということ。
この寄る辺なさこそが
〈無常〉ということなのです。
（南直哉師発話）

つまり、これまでのニュアンスで言えば、自分の存在の必然性、根拠というものを示すことができない、自分の生きている意味というものを言語によって「これこれ、こういう目的のために生きています」と白けることなく完全に言い切ることができて、誰からも絶対反論される可能性がなく安心できる、ということはありえない。

言い換えれば、「みんな」と呼ばれ得る抽象的な存在が、まったく疑問をはさむことなく「まったくその通りだ」と同意してくれ、自分が確信の持てるような形で自分の根拠を据《す》えることができるのかというと、それはできない、根源的にできない、ということです。それは、先ほどまで見てきた、「自分で自分にＯＫを出すことはできなくなっている」という事態と同じことですね。

ぐらつき、変動するのは当たり前

ここで、せっかくですから「無常」ということについて、言及しておきたいと思います。

この南直哉師という禅僧の「無常」には独特のものがあって、そうやって自分で自分を支えることができないということにおいて、自分を確定したものとして、完全なものとして、提示することができない、常にぐらつき続けている。ぐらつく、変動していて留まることがない、ということが「無常」の定義ですので、たしかにこれも、無常と呼んで差しつかえなさそうですね。

一見すると、この「無常」という事態は、嫌なことだから克服したいことと思えるかもしれませんし、それを克服したいからこそ、他者からの承認をガッチリと取り付けることで、自我をしっかり安定させたくもなるのでしょう。

けれども裏を返せば、この「無常」ということを受け入れてしまえば……、無常が嫌だから克服したいということでもなく、「ぐらつくのが当たり前である」「変動するのが当たり前である」、さらに別の表現をすれば「自分に根拠などなくて当たり前」「生きる意味などなくて当たり前」という姿勢が取れた時点で、承認を求めて非常にあくせくして苦しむ必要などなくなるのではないか、ということも示唆できそうです。

ただ、このことは結論とも言えることですので、そういうものを目指していくということを知っていただきつつ、まだまだ階段をゆっくり上がりながら、続けていきたいと思います。

安らぎを得るためには、心を動かさないこと

続いて、『経集《スッタニパータ》』からの引用です。

村においては
罵《ののし》られても
尊敬されても
等しい平静さを保つ。
罵られても
落ちこまず
誉められても心静かに
慢心をおこさずに

歩むように。
(『経集《スッタニパータ》』第702偈)

最初の「村においては」ですが、人が多くいるところ、人前では、という程度の意味にとらえてください。

ご紹介している『経集《スッタニパータ》』を我々の生活に当てはめると無理があるところは、釈迦《ブッダ》が非常に高度な修行をしている、釈迦《ブッダ》の直弟子たちに説いている内容だからです。ちなみに、森の中で生活している彼ら修行僧にとって、「村に行く」ということは「人前に出る」ということですね。

それで、村においては非難される、罵られる、馬鹿にされる、攻撃される、「そんなの違うよ」と否定されることも含めて、あるいは尊敬される、褒められる、承認される、「いいね」って言ってもらえる、うなずいてもらえる、ということがあっても、どちらにころんでも喜ばず悲しまず、影響を受けないようにする。心静かに、仮に褒められても、褒められて嬉しいというのは、結局のところ、「私ってすばらしい」「自分はこんなに素敵」と興奮して、舞い上がることにほかなりません。

興奮したって心身が緊張にさらされるだけなのですから、その中には、心の安らぎや幸せというものはないので、安らぎを得るためには、そういったものに心を動かさないことが大切。「動かさないのが大切だ」と思うだけでも多少は、心は静まるものです。

これと反対に「どんどん心を浮かせたり沈めたりしましょう」と聞かされるよりは、こういう心静める言葉に触れているほうが多少なりとも、心は成長すると思うのですが……。とはいえ、そんなこと言われても、たぶん褒められると嬉しいし、批判されると嫌な気持ちになるというのは、私たちの持つ自然な人情ではあります。

比べることをしない

さらに、次も『経集《スッタニパータ》』第917偈、第918偈からの引用で、私の好きなところです。

我が内側も外側もすべての現象を
あるがままに認識すること。
されどそれにより慢心を起こさぬように。
慢心の喜びは安らぎにはならぬと

智者たちは知っているのだから。
（『経集《スッタニパータ》』第917偈）

慢心によって「自分は勝っている」
と思わないように。
「自分は劣っている」とも
「自分は等しい」とも
思わないように。
何を質問されても
自分のイメージをつくらぬように。
（『経集《スッタニパータ》』第918偈）

まず、第917偈の「我が内側も外側もすべての現象をあるがままに認識すること」とは瞑想の境地のことを言っており、自分の身体の内部をひたすら細分化して、細かく認識していき、その小宇宙の認識を徹底化していくと、中と外、自分と外界を分離する認識がなくなって内も外も同じになり、「私」という感覚が抜け落ちます。そういった、「私」を離れたあるがままの状態で、我が内側と外側とを認識する、というようなことをトレーニングとして行う。

けれども、そうした一定の境地をいったん体験すると、私たちは通常「自分が何らかのことを達成した、偉くなった、ひとかどのことをした」という達成感を味わい喜ぶものです。が、この達成感こそは、慢心という魔物。それは気づかぬうちに、「自分がひとかどのことを成し遂げた」とばかりに、自我感覚を強くしてしまい、瞑想修行を後退させます。かく申す私もまた、この思考にはまってここ二、三年、修行を後退させてしまったものです。さて、それゆえ、達成感すなわち慢心の喜びというのは安らぎにはならないということを、賢者・智者たちは知っているのだから気をつけるように、と説いてくれているのです。

次の第918偈ですが、引き続いて「慢心」について語られています。

そうやって、「自分は立派になったと思っても、そこには安らぎなどないのだ」と言った後で、慢心によって自分は勝っている、優っていると思わないように、自分は劣っているとも思わないように、また自分は等しいとも思わないように、と言っています。私の場合では、瞑想修行が行き詰っていると感じられるときは、「あの絶好調のときは、あんなに心が研ぎ澄まされていたのに……」と過去の栄光と今を比べて、不快な気分になることがあります。

そんなとき、「あ〜、今、『前より劣っている』と慢心で比べて、苦しくなっちゃってるよ」と気づいて、「前のように今すぐならなきゃッ」と背伸びしたくなる思いが静まると、楽になります。

他者から、自分について何を質問されても、勝っている自分とか、劣っている自分とか、誰かと同じくらいだとか、誰かに似ているとか、あるいは前はもっと自分はできていたのにとか、前より劣るようになったとか、という形で前の自分と比べたりしないように、ということが説かれています。自分が、全体のうちでどのへんのポジションにあるのか、なんてことをイメージしないで済むときにこそ、安らぎというものがあるということです。

先ほどまでの文脈と重ね合わせてみると、自分の中で自分の承認をしようとするにあたって、常に私たちは自分がより優れたものになりたい、あるいは誰々より優れている、前の自分より優れている、と思うようにすることで自己承認をしようとしています。

ところが、ここで釈迦《ブッダ》が説いているのは、そうやって「自分、自分、自分」と自分をイメージすることそのものが、苦しみにほかならないということなのです。

見た目の承認は喜ぶに値しない承認

次は『菜根譚』からの引用で、前集の170項です。この項は、私が『菜根譚』の中で一番好きなところで、他人から褒められたり批判されたりして心が動揺するとき、これを思い起こしているうちに心が静かになるものです。

我貴くして、人、之を奉ずるは、
此の峨冠大帯《がかんだいたい》を奉ずるなり。
我賤しくして、人、之を侮るは、
此の布衣草履《ふいそうり》を侮るなり。
然らば則ち、原《もと》より我を奉ずるに非ず。
我、胡為《なんす》れぞ喜ばん。
原より我を侮るに非ず。
我、胡為れぞ怒らん。

（『菜根譚』前集170項）

「我貴くして、人、之を奉ずるは、此の峨冠大帯を奉ずるなり」。私が身分が高い立場だとして、人が尊敬してくれたり褒めてくれたり、つまり承認してくれるとしても、それは彼らが私の立派な冠や衣装に目がくらんで褒めてくれ、承認してくれているだけのことである。

ゆえに、私そのもののことを無条件に承認してくれているわけではないのだから、それをどうして喜ぶことがあろうか。いや、喜ぶことはない、という反語ですよね。

「我賤しくして、人、之を侮るは、此の布衣草履を侮るなり」は、自分の身分が低くて、人がこれを馬鹿にしたり、非難したりしている。つまり、承認されないことがあっても、それは私がみすぼらしい衣を着て、ぼろい草履を履いている、ということで侮っているだけである。

ゆえに、私そのもののことを無条件に馬鹿にしているわけではないので、どうして怒る必要があろうか、怒る必要などない、ということなのです。

これは、一見するとありきたりのことを言っているように思えて、もう少し考えを進めてみますと、なかなか面白いことを言っているということがわかってくると思います。

というのは、これはたまたま外見のことを言っていますが、「人を外見だけで判断してはいけないね」という安易な解釈で終わらせてしまうとちょっとつまらないのです。外見ではなく心が大事なんだという安易な解釈をする代わりに、次のように考えてみましょう。

たとえば、自分の着けている装飾物に対して「センスがいいね」と褒めてもらったとします。しかし、それは自分そのものが褒められているのかということを考えると、そうではなくてセンスという部分が褒められている。

では、「あなたは気が利くね」という褒められ方をしたら、それは自分自身が褒められたのでしょうか。いや、「気が利く」という、たまたまそのとき、自分の行った振る舞いとか、自分の背景にある性格などが褒められたのであって、自分には気が利かないときも当然あるわけです。

ということは、自分そのものが褒められたわけではないので、喜ぶには値しない。つまり、承認されたと思うには値しない、と言うことができるでしょう。

自分そのものを褒めてもらうことはできない

それでは、「いったい何が褒められたら、自分そのものが褒められたと言えるのか」について思考実験してみてください。

「その目、素敵だね」と言ってもらったらいいのでしょうか？　しかし、10年後にその目もとはしわくちゃになっているかもしれませんし、翌日受けに行ったレーシックの手術が失敗して目がおかしくなっているかもしれません。

でも、相手は「その目が素敵だね」と言ってくれていたのに、目がおかしくなったからといって「バイバイ」と去ってしまったら、かなりひどい人だと思います。仮に目が素敵でなくなっても、ある程度強い愛情関係がお互いに形成されていたら、たぶんバイバイにはならずにそれなりに愛情を注いでくれると思うのですが……。

ともあれそういうわけですので、「顔が素敵だね」と言われても、それはそのままズバリ「自分」ではないのです。

体格、プロポーションならいいのでしょうか？　でも、それも年につれて変化しますし、変化し得るものですよね。

それでは、何ならいいのでしょうか？　艶のある髪の毛でしょうか。いや、髪の毛も抜けてツルツルになればなくなってしまいますし、では洗練されたデザインのメガネでしょうか？　いや、メガネも外せばなくなってしまいますし、肌の調子でしょうか？　いや、それも体調や陽ざしの調子とかで変わります。それでは、気立てのよさでしょうか？　明るさでしょうか？　いえ、不機嫌なときや落ちこんだとき、それらはなくなってしまうのです。感情も、性格ですら変わりますし、すべては無常であり入れ替わってしまうのです。

ということは、自分そのものを褒めてもらうということはできるのか？　できないんですね、絶対にできない。

「あなただけを愛する。無条件に愛する」と仮に言っていたとしても、それは言語上のことであって、本当は何らかの条件、何らかのポイントがあって好ましいと思う。究極的な次元ではこれはしょうがないことなのでありまして、何らかの条件付きで、人は人のことを好きになっていくようになるものなのです。

より条件付きっぽく見えるものと、より条件付きっぽく見えないものの差があるにしても、無条件にあなたそのものを褒めるということはできないですし、あなたそのものを非難するということも本当はできないのです。

いろいろと例を挙げましたが、「それらが、たまたま自分そのものを射貫くことができていないだけなのでは？」と疑われる方もおられるかもしれません。その場合は、それでは反対方向に、「じゃあ、これだったら、自分そのものを射貫けます」という例を、ちょっと考えてみてください。

自分にとって、これが核心だから、これが褒められたら、これがけなされたら「自分」そのものに届くもの……。う〜ん、とりあえず自分が大事に思っているものを挙げることはできると思うのですが、それは究極的に変化しないものなのか、取り替えのできないものなのかと聞かれると、あくまでも自分の中に一時的にある、無常なるパーツにすぎないということがわかるでしょう。

しかし、「自分の何々」というパーツはあるのですが、「自分」というものを見つけようとしても、それは見つからないのではないでしょうか。こうしてみると、この『菜根譚』の言葉は、仏道の無我へとつながっていることがわかってきそうです。

分解したモノは存在すると言えるのか

釈迦《ブッダ》は無我を荷車（牛車）を例に挙げて説かれているのですが、ここでは万年筆を例にしてお話ししたいと思います。

万年筆はいくつかに分解することができます。キャップがあり、持つところも二つに分かれます。中にはインクがあります。そうやって分解していくと、ペンそのものというのはどこにあるのでしょう？　部品はあるのですが、ペンはどこにもありません。

部品ひとつをとっても、インクの入る筒の部分と回転する部分にある金属のリングなど、さらに分解できます。さらに、インクをとっても分子というものに分解できますし、分子は原子に分解できるし、原子は素粒子に分解できるし、素粒子を分析しようとすると揺らぎとか波動とかいうものになってしまいますよね。

結果として、何らかのモノというものがちゃんとあると言えるのか。キャップや軸やインクというパーツに分解した時点で、すでにペンそのものというものは存在しないのであり、ペンというものはあるのかと言うと、どこにもない、ない、ない、ない。結局、空っぽになってしまう、ということなのです。

自他を実体視するゆえ、憎しみや執着が生まれる

次は、ダルマキールティという、チベット仏教でとても重視されている瞑想修行者である僧の著書から引用しました。

自分を「自分だ」と思いこむ限り、
「これは他人だ」という存在も想定される。
「これは自分だ！」「これは他人だ！」と実体視することによって、
執着と憎しみが生まれる。

（ダルマキールティ『Pramanavarttika』第２章　Tom Tilemans訳　Verlag Der Osterreichischen・２０００年）

「自分を『自分だ』と思いこむ限り、『これは他人だ』という存在も想定される」。自分をアイデンティファイ、同定するという心の機能が働いている限りは、他人もアイデンティファイ、他人も同定され、そこには確かに他者は存在するというふうに認識される、ということです。

そして「これは自分だ！」「これは他人だ！」と実体視することによって、執着と憎しみが生まれる。そうやって自分と他人というのが確かに別々のものとして存在し、承認されたり非難されたりする確固たる「自分」が実体としてあると思うからこそ、その「自分」の外にある者が自分を承認してくれることを望んで執着し、承認してくれないときは憎しみが湧いてくる、ということです。

実体性を分割してみると「空」がある

続いては、テンジン・ギャツォという名の、みなさんはダライ・ラマ14世としてご存じだと思いますが、ダライ・ラマ14世がアメリカのハーバード大学でした講義を『仏教哲学講義』としてまとめたものからの引用です。

『中論』に見られるような論理を駆使して、
「わたくしとは誰なのか。
今現在、傷つけられているこの者は誰であるのか。
相手とは何なのか。
傷つけつつある人は肉体であろうか。
それとも心であろうか」と問い尋ねてみましょう。
（ダライ・ラマ14世 テンジン・ギャツォ『ダライ・ラマの仏教哲学講義』福田洋一

訳　大東出版社）

これは「他者への憎しみを克服するため私たちはどうすべきか」という文脈で話されているところから取ったもので、最初の『中論』というのは、ナーガールジュナという仏教哲学僧の著作です。

この自分が非難されていると感じるとき、そのときは、自分がすこぶる実体性を持ったものとして感じられていると思います。しかし、いったい自分のどの部分が非難されているのだろうか、どのように非難されているのだろうか。あるいは、物理的にどこか自分の身体が攻撃されているのだろうか。攻撃されているとしたら、その物理的な場所はどこだろうか。あるいは、心理的に攻撃されているとしたら、その攻撃されている場所は、本当に自分だと言えるのだろうか。あるいは、その自分と思っているものはいったい何なのだろうか。

人間は通常「自分とは」と言われると、先ほどの「大文字の他者」の話ではないのですが、「みんな」から承認され得るような自分の特徴を答えようとするものです。自分で自分のアイデンティティ、核心だと思っているようなものをいっぱい並べるはずです。

たとえば、「自分は家族の大黒柱だ」と思っている人は、「自分は父だ」と言うかもしれませんし、「自分はビジネスマンだ」と言うかもしれませんし、「こんなにかっこいい」「こんなに性格がいい」と並べ立てるかもしれません。

でも、それはすべて、イコール自分だと言えるほどのものだろうかということを突き詰めていけば、先ほどの『菜根譚』で言えば、どれも自分の衣や装飾品のようなものにすぎません。

つまり、自分そのものを本当に承認するとか、本当に否定するということができるのだろうか、という究極的な次元で考えてみると、そんな「自分そのもの」は結局のところ、要素に分解して、消えてしまう。仏教というのは細かく認識して、要素に分解するという立場なんですね。

それで、仏教の本質が科学によく似ていると言われるのは、この「分解する」というポイントが共通しているからで、「science（サイエンス）」の最初の「sci」は「scissors（シザー＝ハサミ）の「sci」と共通するところからもわかるように、「sci」というのは「切る」「断ち切る」「分解する」という意味があるんですね。

ですから、サイエンスというのは、元々は「細かく分解する」という語源を持っていると言えるのです。

それで、分解してみると、私たちが実体だと思っているものは消滅してしまう。私たちがこの「手」だと思っているものも、細かく細かく分析していくと、大雑把に見ているとひとつの「手」という感覚があるように思えてくるのですが、瞑想して認識を細かくしていくと、大まかに「手のひらの感覚」と「指先の感覚」くらいには、分割できるようになります。その時点で、「手」そのものという感覚はなくなってしまうんですね。

そして、さらにその感覚を細かく見ていくと、いろんな場所で次々に感覚がピンピン点滅しているように感じられるようになってきます。そうやって、自分の身体を細かく分析していくと、それらが細かすぎるうえに、生じてはすぐに滅してゆく明滅する性質を持つため、「たしかに自分の手」とか「たしかに自分の肌」というような、雑な実体性というものを感じなくなっていくんですね。

だからと言って、そこにないわけではない。あるとは言えるんですけど、けれどもそこに、究極の実体とか根拠というものは見出せないでしょ、ということで「無我」「空っぽ」「空」と言っているんです。

これは理屈上では、自分というのはいるのか？　あれなのか、これなのか、性格なのか、顔なのか、髪なのか、服なのか、この体格なのか、といろいろ並べ立てていっても、結局、「あ、それじゃない」。それじゃないということは、自分というものはどこにも見出せないということに帰着するのです。

自分の自己中心性をつくり上げるために、ボーッとした雑な意識の中において、確固たるものとして存在していると思い込んでいた「自分」に対して、上述の思考実験を行ってみると……。「これが自分だッ」と思い込んでこわばり、凝縮していたものが少し揺らぐ、少し密度が薄くなる、そうした感じにならないでしょうか。

現代社会というのは常に緊張を強いる。文字通り、緊張を強いて「自分！　自分！」という自我感覚へと、心を凝縮させようとします。「自分！　自分！」が凝り固まっていて、その実体性を錯覚する度合いが強ければ強いほど、私たちはそれに翻弄されてしまいます。

ですので、その解毒のためにこの「無常」「無我」「空」というのがひとつのヒントになるのです。

承認のために自己犠牲してはいけない

ここまで示すことができた階段のひとつが、この「無常」「無我」「空」ということなので、覚えておいてください。

この本を読んで「なるほど」と思うだけでなくて、ときどき思い返してみて、論理的に自分が褒められていると言えるのだろうか、自分が承認されていると言えるのだろうかとか、自分というのは確かにあると言えるのだろうか、ということを実証すべく思考してみると、その都度、効果は現れると思います。

ですから、復習しないと、これは意味のないことです。

チベット仏教ですと、こういう論理トレーニングのようなものを繰り返して、何回も何回も非常に緻密に繰り返して、ひたすら自分に言い聞かせるということをやっているそうです。

それで、自分とは誰か、ということを究極的に問い詰めていく。あるいはそもそも嫌な奴だと思っている相手については、よくよく見つめてみると、相手の嫌な点とはその肉体なのであろうか、その心なのであろうか。では、その心とは何なのであろうか、ということを分解していくと、やはり雲散霧消していくということになるのです。

「承認」が抱える問題に対しての処方箋については、これから後の章で改めて出してゆきますが、まずはこの「空＝無我」に気づこうとすることが〝承認ゲーム〟という地獄からの脱出法のひとつとして、仏教が提案できる処方箋です。

とはいえ、私たちが弱い人間の一人として、こういう意識ではなく普通の意識に戻った際に、やはり自分で支えることができずに、人からの支えを求めるというのは事実だと思います。

しかし、それは「必要悪」としてほどほどに抑えておかないと、先般に伝えた承認を求めるために自己犠牲というものに巻き込まれていってしまうのです。

第2章 孤独について

無視されたことによる居心地の悪さ

この本のベースとなった講義をするために出かけるにあたり、出発がぎりぎりの時間だったゆえにタクシーに乗ったのですが、いかんせん月末の金曜日ということで、渋滞していて大変でした。

それで、その途中に運転手の方から、高速道路に乗るかどうかの選択をする話をされ、「高速道路はとても混んでいるみたいだから、高速を使ったほうが時間がかかり、間に合わないかもしれませんよ」というふうに言われたんです。

その際、私は、ひと時でも何かの縁で一緒にいるのだから、ある種の同志として多少打ち解けた雰囲気になったほうが居心地がよいのではないかという心持ちから、しょうもない冗談めかしたことを言ったのです。

「高速に乗ったほうが、低速なんですね」というふうに申したのですが、運転手の方がちょっとでも「ははっ」とか「ほほっ」とか言って、面白くないと思っているなりに反応してくれればよかったんですけど、無視されたんですね。

そのまったく反応がないという状態を受け取って、私はちょっと居心地の悪い思いをしたのでした。そのとき、居心地が悪い自分をなぐさめてあげなくちゃと、「あぁ、無視されたのがさみしい感じなんだね～」という具合に、自分にちょっと微笑みかけていたのです。

最初にこのお話をしたのは、この章の話のテーマ「孤独」に合っていると思ったからです。

勘違いによる居心地の悪さ

実は、この話に通じるようなことが同じ日にありまして、講座会場のあるビルにぎりぎり間に合って、エレベーターに急いで乗ったときのことです。

１階から乗って７階まで上がってくる最中に、エレベーターの中に女の人が二人乗っていらして、たぶん私の講座とは別の講座を受けに来られた方だと思います。

そして、一人目の女の人が「このカルチャーセンターには何度も……」とおっしゃって、それを聞いた二人目の女の人が「いえいえ」という感じで首を振ったんですね。

ところが、一人目の女の人が「……来ているんだけどね～」と話を続けておっしゃったのです。すると、二人目の女の人は、自分は相手の話を勘違いしたんだ、という恥ずかしい面持ちで、それをごまかすかのように「あ～、あ～、そうですか～」と過剰にうなずいておられたのです。

この話の流れというのは、二人目の女の人が「あなたは何度も来たことがあるんですか？」と質問されたととらえて、「そんなに何度も通っている人間とは受け取らないでほしい」というニュアンスで首を振ったところ、そんな質問を相手はしたわけではなかったので、少々気まずい感じの雰囲気が漂ったということです。

意図のすれ違いとか、自分の思い通りに相手のことを受けとめられなかったとか、反対に相手が自分を受けとめてくれなかったとかいうときに、私たちの心は居心地が悪くなる、そこに居たたまれなくなるということが起きますね。

そうした居心地の悪さには、ちっぽけなものから大きいものまでたくさんありますが、それが積もり積もってまいりますと、人とつながれない断絶が生じる、ということから孤独感とかさみしいという感情が、段々段々私たちの中に醸し出されることになります。

期待が満たされないと強まる孤立感

第2章は、前章の「承認」「非承認」というテーマを引き継ぎながら、テーマを「孤独」という方向へとスライドさせて見ていきたいと思います。

その、やや重苦しそうなテーマに入る前に、先ほど例として挙げた、このすれ違うとかさみしい、孤独ということを扱った紙芝居のお遊びに、少しばかりお付き合いください。この、活字だけの本に紙芝居は収録できないのですが、紙芝居を見ながらお話を聞いているというふうに感じてくだされば、ありがたく思います。

……………………………………………………

ある日、お坊さんの上にいつも止まっている小鳥は、お坊さんとの間には特にコミュニケーションがなくて、つまらない、さみしいという気持ちになりました。さみしいみたい。誰かいないのかと思って、大空に羽ばたいてみました。羽ばたいてみたら、すぐに友だちになれそうな子どもを見つけました。

いた。

そして、そこにいたクマの子どもの名前は「クマっこ」というのですが、その子どもの持っていた葉っぱの上に、ストンと止まって挨拶をしてみました。

「こんにちは寒いですね」

一緒にいることで、とっても楽しい気持ちになりました。けれども、そのクマっこは、こんなふうに返してきました。

「ノー、クマっこは豊かな毛皮があるから全然寒くない」

そして、葉っぱを揺すられたことによって、小鳥は振り落とされそうになりました。

それでも葉っぱの上にしがみつきつつ、小鳥はこんなふうに思いました。


二人でいると、余計にさみしくなるみたい。


このお話から浮かび上がるのは、次のようなことなんです。

私たちは一人でいるときに、さみしい、孤独であると感じるのかと考えてみますと、現実的にはむしろ一人でいるときよりも、誰かとつながろうとする、ないしは誰かとコミュニケーションしようとするときに、強い孤立感が生じるように思われます。

先ほどのタクシーでの例のように、誰かに冗談を言うというようなことも含めて、誰かとつながることをなんらかの形で期待したとき、その期待値が満たされないときに孤立感がより強まるということは、なんとなく体験上、皆さんも知っていることではないでしょうか。

『変身』にみる圧倒的な断絶感・疎外感

次の文言は、きっと皆さん、どこかでご存じの言葉だと思います。

「ある朝、グレゴール・ザムザがなにか気がかりな夢から目をさますと、自分が寝床の中で一匹の巨大な虫に変っているのを発見した」

（フランツ・カフカ『変身』高橋義孝訳　新潮文庫）

この始まり方をする小説をご存じですか？

ご存じの方は多いでしょうね。『変身』というタイトルの小説でして、私が学生だった頃、将来、ドイツ哲学の学者になろうと血迷って真面目にドイツ語の勉強をしていて、この作者のフランツ・カフカという人はチェコで生まれたのですが、この作品はドイツ語で書かれており、とても素直なドイツ語で読みやすいということで教授に勧められ、ドイツ語の教材のひとつとして読んでいたことがあるものなんです。

その出だしが、この有名な「ある朝、目をさますと虫に変っていた」。実際に、そうなると、「なんだそりゃ」という感じだと思うんですけれども。

それで、虫になっているので、彼のことを自分の妹とか両親とかがグレゴールとして認識してくれなくて、彼は「自分は息子だよ」と言って行動して、わかってもらおうとするのですが、とにかく「虫が気持ち悪い」という感じにしか扱ってもらえないのです。

そんなに長い小説ではないのですが、最後はどうなるかというと、うろ覚えですが、家族に虫として殺されるのだったかな？　もしくは別の死に方だったかもしれませんが、とにかく死んでしまう。その後、家族は息子がいないような気がするけれど、そんなことはまったく気にもかけず、楽しい休日のピクニックに出かけてしまうというように、終わる小説だったと思います。

このことの寓意は、どういうものなのか？

それは家族の中にいるせいで、家族との間にまったくコミュニケーションが成り立たない、まったく理解してもらえない。どんなに「息子だよ」と言っても、それはまったく理解してもらえず、聞こえもせず、虫の鳴き声としてしか認識してくれないから、まったくつながることができない。

虫として森の中で誰とも付き合わずに、ただ飛んでただ餌を食べて生きているのなら、「つながりたい」という欲望がそもそもないため、全然孤独ではない。けれど、人間の自意識を持った存在として、人間と仲良くすること、家族と仲良くすることを期待して接しようとすると、それは必ずや不十分にしかできないものですから、孤立感を味わい苦しむことになります。ましてやグレゴールの場合、自分の意図をまったく伝えることのできない状況下で完全に排斥され、死んでしまってもそのことさえ認識してもらえない。

そして、自分は絶望のどん底で死んでいくのに、家族はまったくそれと対極的に、楽しくピクニックに出かけてしまう。この圧倒的な断絶感、圧倒的な疎外感が表現されているわけですね。

繰り返しますと、それは、一人で、ただ一人で森の中で孤立する生活において、そのような孤立感は発生しないのですけど、ほかならぬ家庭という環境において、私たちが思うにまかせて意図を伝えることができないときに、ただ一人でいるときには発生し得ないような断絶感と疎外感が生じるということなんですね。

仏教的にパラフレーズするなら、他者への期待という渇愛が生じるからこそ、他者といるとそれが満たされず、「苦」が生じる、ということです。

それゆえ、釈迦《ブッダ》は『経集《スッタニパータ》』第36偈で、高らかにこう宣言するのです。

他者とつきあうなら、
愛着という期待が生じる。
その愛着ゆえに、
苦しみが生じる。
愛着という期待が苦しみの原因だと見抜いて、
ただ独りで歩むように。
まるで、シャキンと一本だけ突き出した、
犀《さい》の角のように。

社会の代わりに、家族・友人の顔色が気になる時代に

次は、山竹伸二さんという方の『「認められたい」の正体』というタイトルの新書からの一節です。

社会共通の価値観が
存在しなければ、
人間は他者の承認を
意識せざるを得なくなる。
誰でも自分の信じていた
価値観や信念、信仰がゆらげば、
自分の行為は正しいのか否か、
近くの人にきいてみたくなるものだ。
（山竹伸二『「認められたい」の正体』講談社現代新書）

先述のようにかつては、社会共通の価値観として「こうしていれば自分が社会的に承認される」という基準が、強固なものとして機能していましたので、それから逸脱できる人はとても少なかったはずです。

そこで、自分がちゃんと社会の基準に従ってまっとうに生きているという感覚が得られていれば、自分の心を社会から支えてもらうことができていた分、今よりずいぶん楽だったはずです。それは社会に支えてもらっているだけで、自分で自分を支えていたことにはなっていないのですが。昔はほぼ万人が自動的にそうして支えられていて、農民としてちゃんとやっているとか、武士としてちゃんと生きているとか、もう社会秩序にがっちり組み込まれていて、その通りに生きていれば、自分で自分を支えることができていなくても、あたかもできているかのように錯覚させてもらい、振る舞うことができていた時代があったと思うのです。

　社会共通の価値観というのが、一方では個人の自由を束縛するという側面があったのも事実です。そして、自分がそうやって束縛されていることで同時に支えてもらっているということを多くの人が忘れて、社会の抑圧というのを撤廃すれば自由になれて幸せになれるのではないかという幻想を、フランス革命以降ずっと人間は持ってきていたのです。日本では、１９６０年代の学生運動のときがピークだったと思うのですが……。

　そうして社会秩序をずいぶん破壊してきた結果、自分では自分を支えきれない分を、社会共通の規範や価値観に束縛してもらっているおかげで、かろうじて支えられていたという事実に、ようやく直面することになったんですね。

　ですので、私たちは今、ものすごく多様な価値観と、なんでも自分の自由にしていいよという圧倒的な自由と、社会はほとんど自分に口出ししてこないというような状況を手に入れることができたわけです。

皮肉なことに結果として、「こうしていさえすれば、絶対大丈夫」という、自分を支えてくれる社会的価値の杖を完全に失ってしまいました。

そのときに、自分で自分を完全に支えることができていれば、それでなんの問題もないと思います。けれども、それはとても難しいこと。それゆえ社会が承認してくれないなら、小さい社会、私にとってのあなたとか、家族とか、友人・知人とか、そういった人によって、自分が認めてもらえているという実感をたえず確認し続けなくてはいけない。それを確認することで、かろうじてこの人たちは私を肯定してくれているから、自分は価値がある、自分はちゃんと生きている、正しいと言えるんだ、ということを確認し続けなければならなくなってきているのです。ゆえに、家族・友人・知人といった具体的個人から承認してもらうことが死活問題になり、彼らの顔色をうかがってしまう。

その点で言えば、かつては社会に拘束されて、社会の価値観にひたすら合わせなきゃいけないので若干不自由だったのが、最近は社会のことをあまり気にしなくてよくなった代わりに、自分の家族や友人といった、身近な人々の顔色を非常に気にしなくてはいけなくなるという、より一層の不自由さの中へ突き落とされている、とも申せそうです。
自分の親とか、あるいは子どもとか、パートナーとかの顔色まで、やたらと気にしなければいけなくなった。昔は、社会の顔色をやたら気にしなければならなかったのが、昨今は家族だけでなく、友人・知人の顔色まで気にしなければいけなくなった。そういう事態になっているんですね。

「精神的自給率50%」のススメ

ここで、この章の結論をやや先取りしてしまいますが、次の言葉が頭に浮かんだので、先に紹介したいと思います。

「精神的自給率50%」

これは、精神的な充足度の自給率を上げたいですよね、ということで浮かんだフレーズです。日本の食料自給率は40%ないそうですが、そのために危機的だという声はずいぶん前からありますよね。食料と比べているのではないのですが、精神的な自給率ラインを、せめて半分の50％くらいにはしたい、しましょう、ということなんです。

私も家族や友人、恋人といった身近な存在から、批判されたり否定されたりすることに打たれ弱いところがありまして、それは彼らの顔色をうかがいながら、「承認してほしいよー！」と思っている、ということです。それゆえ精神的自給率がそんなに高くないと言わざるを得ないでしょうねえ、トホホー。

実は、この自給率があまりに低くなってしまうと、結構きついことになっていくんです。つまり、他者から承認されるために、自分のしたくないことを笑顔で「うん、します」というふうに言わなければならなくなったり、他者から非難されることを恐れて、無理がきてしまうほどに過剰な親切をしてしまいたくなったり、自分の本音が全然言えなくなってしまったり、というようなことになってしまいかねないからです。

あるいは、食料自給率が極端に低い国が、食料輸出国と政治的にぶつかってケンカしてしまうと、すぐ食料危機になるであろうことを想像してみてください。それに似て、自分を承認してくれていた人とケンカをしたり、しばらく会えなかったり、連絡がなかったりするだけで、精神的自給率が低いとすぐに、不安に陥ったりイライラすることになるでしょう。

自分が自分のことを「これでよし、大丈夫だ」と思えているパーセンテージが、50%くらい自給自足できていれば、その残りの足りない分を、ほどよく人とのコミュニケーションを通して受けとめてもらうことで補ってやればいい、くらいの感じで過ごす。

そういうふうにできれば、なかなかバランスよく生きられるのではないかなあ、と思う次第です。

依存をゼロにすることは無理

自給率を上げることと聞いて、「あぁそうか、他人の言葉に屈したり、他人の視線に屈したりせずに、自己実現を追求していけばいいのか」「自給自足するために自分のやりたいことを一生懸命やっていって、ステップアップしていけばいいのか」というふうにとらえる方も、いらっしゃるかもしれません。

けれども、自己実現を追求するというのは、結局、それによって何を求めているのかと言えば……。たとえば、本を書くということが自分の大好きなことだからやりたいと思っているとしたら、その本を書くという世界の基準の中でより上のほうに自分がランクすることで、社会的な承認がより得られている自分になりたいということであるわけです。

アーティストであるならば、自分の作品がより多くの人に受け入れられたり、アーティスト集団の基準の中で高い評価を受けるようになりたいということなんです。

また、学校の先生でちゃんと一生懸命やろうとしている人であれば、より良い先生という一定の基準の中で、自分をそうやって社会的に承認されるような立場に置こうとしているわけです。

結局のところ、これはあるなんらかのグループに所属する人々全員の平均値の視線をもって、自分を承認してもらって、それによって自分を支えようとするやり方なのです。

それは、自給自足と言えるのかと考えてみますと、アーティスト集団に自分を支えてもらっているということになったり、先生というグループに自分を支えてもらっているということになったり、あるいは物書きというグループに自分を支えてもらっているという具合になりますから、実はこうした「自己実現」系の方向は、他者に依存しているというあり方の、別バージョンにすぎません。

ですから、自給率を上げると私が言っていることは、「自己実現しよう！」という流れには、むしろ反していて、むしろ「自己なくし」とでも申すことができましょう。

その具体的な方策は、第４章で、ありのままの自分を受けとめる仏道的な見つめ方として述べます。仏道こそは、「自己実現」にすら依存せずに、自己実現できていようが自己実現できていまいが、そんなこととは無関係に、無条件に自分を承認してやることで、精神の自給率を上げてくれる道なのです。

ただし、先ほどお伝えしたように、依存をゼロにしようと言えるほど私たちは強くないですし、そういう無理なことをしようとそれこそ背伸びしてして、変にうまくいかないことにイライラするより、50％あたりをひとつの基準ラインにするくらいで十分なのではないかと思っております。

無我夢中のときは自分と無関係の「承認」

とはいえ、一見するとプライベートで愛情による承認をもらうか、さもなくば自己実現できるようになんらかのことで自分を磨いて、それによってパワーアップすることで第三者からの承認をもらうか、そのどちらかしかないように思えるかもしれません。それで、自給自足といったら自己実現をしていくほうかな、と思われるかもしれませんが、「そうじゃないんですよ」ということを覚えておいてください。

これは、「あなた」という第三者から承認してもらうのか、もっとより多くのある特定グループの第三者的な集団から承認してもらうのかという違いにすぎず、いずれにしても他者に依存しているという点では共通しているからです。

それは、常に条件づけられたものであり、特に第三者的な承認に依存する、自己実現の方向性は、「うまくいっている限りにおいて」という形で条件づけられている度合いが、非常に強いと言えると思います。

物書きとして頑張っている間は承認されますが、作品が書けなくなったら承認されませんし、ミュージシャンは楽曲を出している間は評価されますけど、出せなくなったりすると過去のＣＤとかはちゃんとあるのに、今は活動をしていないことについて批判されたり、もう過去の人とか終わった人だなんて言われたりしますから。学校の先生だって、とても立派な先生として活躍し続けているという条件がないと、周囲から承認されないですよね。

そういった不安定なものに対して依存してしまいがちですが、それは一生コンスタントに私たちを支えてくれるものではありません。なにより、「物書きとしての私」「アーティストとしての私」「先生としての私」・・・・・・などのアイデンティティ欲求（＝有愛）を持つことは、「〇〇として」私は常に良い感じでありたい、という、実現不可能な欲望を抱え込むことにつながります。「〇〇として」失敗したり、思い通りにゆかなくなることなど日常茶飯事でありまして、そのたびにストレスが生じるのですから、割に合わないのです。

ということは、「承認」というのは、何パーセントかは自己実現や「あなた」からの愛情によって輸入する必要があるにしましても、それを輸入しないで純粋に国内生産する必要がいくらかはありそうな気がしてこないでしょうか？

ここで、承認について、「身体性」というひとつのキーワードを挙げてみたいと思います。承認というのは、私たちが身体で感じるものでしょうか？　それとも、頭で概念的に感じるものでしょうか？

いかがですか？

もちろん、概念的に頭で感じているものなんですね。

こんなたとえが、わかりやすいかもしれません。スポーツ選手が、ものすごく無我夢中で体を動かしていて、その結果とてもいい業績を残したとします。その無我夢中でやっているときは、承認というのは自分と無関係です。承認というのを気にしていたら無我夢中になれないですし、それどころか承認が気になって足がもつれたり、ちゃんと動けなくなったりしてしまう。

それもあって、スポーツ選手はいかに無心になって動けるようにするかということで、いろいろ工夫しているのでしょう。

ただしその後、いい成績を残したことについてフッと我に返ると、とても嬉しいという気持ちが湧いてくるものですね。それは自分が自分を承認するという概念が走りだしたということですが、さらに他者から賞讃されたりもして承認がいろいろ浴びせられてそれを通じてもっと嬉しくなる、ということをするにつれて、どんどん喜びが概念的なものに変わっていくのです。

その喜びの質が、前と後とではもう全然違うものになってしまっているのがおわかりでしょうか？　その前の段階では、ただ身体的なレベルでの充足感で終わっているのが、いつの間にか頭のつくり出した幸せのようなものにすり替わってしまっているんですね。

他者の視線が不自然さをつくり出す

この「無心になっていられる」ということに似たキーワードを挙げてみましょう。

それは「自然体」ということです。自然体でいられるか否か、というところに、私たちの心が心地よく充足していられるかどうか、ということがかかっているのです。

承認を気にしすぎて自然体でいられないありさまを、第1章では考察してみましたが、それはこの章のテーマ「孤独」にも深く関わることで、他者の視線というものを意識した途端に、私たちは自然体でいられなくなるのです。

本当は言いたいことがいっぱいあるのに、その場の空気で言えなくなったり、粗雑な歩き方をしていたのに、人の視線を感じておとなしい歩き方になったり、音を立てながら麺類を食べていたのに、人目が気になって少ししか音が立たない食べ方をしてしまったりとか、いろんな変化が生じますね。

その変化が、私たちを不自然にさせているということなんです。その不自然な感じに、体を緊張させたり、心を緊張させたりすることなく、無心でいられて、あれこれと気にしないで体を動かしていられたり、心をのびのびと動かしていられたりできる。そして、そのとき、頭の概念があまり動いていなくて、自分に基準を課して物差しで測るようなことが、なるべくなら停止している。体に意識が留まって、体レベルで満足して、という感じになれている。こういったときは、自給自足していると言うことができそうです。

ですので、体の中に心が留まっている、概念が少し静かになってくれているということが、自給自足のための鍬《くわ》とか鋤《すき》とか種とかになってくれると、さしあたっては申せましょう。

これは結論を先取りしてしまったわけですけれども、「精神的自給率50％ラインがいいですよねえ」という話でした。

年とともに、一般性のあるルールになっていく

続いて、先ほどと同じ『「認められたい」の正体』という本からの引用です。

ジャン・ピアジェという発達心理学者の実験・研究をもとに書かれている一節で、そのジャン・ピアジェの研究というのは直接には知らないのですが、この本で書かれていたのは5歳未満の幼児というか子どもに対してアンケートをとって「嘘をつくのは悪いことですか？」というふうに質問をしてみたところ、「親に対して嘘をつくのは悪い」「他の人に対する嘘はあんまり悪くない」というアンケート結果が出たのだそうです。

みなさんは、同じ親に対する嘘でもたとえば「『テストの点が良かった』と嘘をつくのと『猫のほうが牛より大きい』という嘘をつくのはどっちが悪いか」ということについて、どう思われますか？

とっても素直に、ある意味自然体で考えていただいたら、すぐに答えが見つかると思い

ます。

テストの点について偽るのは、バレない可能性があるのでその嘘は大丈夫。ただし、猫は牛より大きいというのは確実にバレるからその嘘はよくない、といったようなアンケート結果だったそうです。

ところが、7歳以上になると「嘘は誰に対しても悪い」というふうになるか、あるいは「無条件に悪い」というふうになっていくのだそうです。

これらのことを踏まえて続くのが、次の一節です。

「親に対してのみ嘘は悪い」
という自己ルールが、
「誰に対しても嘘は悪い」という
一般性のあるものへ変更され、
誰もが認め得るような一般的な
反応・態度を身につける、
ということである。

（山竹伸二『「認められたい」の正体』講談社現代新書）


この一節が暗示していることは、何でしょうか？

私たちが「こうすべきである」というふうに自分で強く思っていることって、もともと思っていたことですか？　ということを内省してみれば、そんなことはまったく思っていなかったということが多いはずです。

けれども、嘘をつくと、それを見抜いた相手がものすごく怒るとか攻撃してくるといったことを何度か体験するうちに、５歳までの子どもにとってはほぼ両親が全世界ですから、その存在に怒られるということがとにかく悪で、両親に怒られる行為は絶対したくないというふうに、だんだん刷り込まれていくんですね。ですから、両親以外の存在に対して嘘をついても、それは取るに足らないから大丈夫、ＯＫとなる。

そういう意味では1歳児とか生後半年の赤ちゃんとかは、アンケートに答えることはできないのですが、そもそももっと小さい子どもがちゃんと回答してくれるなら、「猫が牛より大きいと答えても大丈夫だよ」と言うかもしれませんね。

ところが、私たちは5歳、7歳、10歳となっていくにしたがって、「怒られたくないから、そういうルールを自分で課しているのだ」とは認識せずに、自分はとにかくそういう倫理観を持っているんだというふうに思い込みがちになるんです。

結局のところ、これは「他者の視線」というものを気にしていて、それに否定されたくない、怒らせたくない、攻撃されたくないからそれはよくないと思い始める。

最初は、怒られたくない対象だけに嘘をついてはならないと思っていたのが、やがて、それ以外の人にも嘘をつくとやはり攻撃されるらしい、怒られるらしいということを覚えていくと、より一般性のあるルールに変更されていくのだと思います。

礼儀正しさが不快感を呼ぶことも

とはいえ、そのように考えてみると、私たちが「こうしなければならない」「こうすべきだ」「嘘をついてはならない」「人に優しくしなければならない」「人の言うことを途中で遮ってはならない」といった「ならない」とか、「ねばならない」とか、「すべきである」などなど、そうやって自分を縛る度合いが強い人ほど、自分にそれを課すだけではなく、他人に対してもそのルールに反していると、軽蔑したり攻撃的な気持ちになりがちです。自分だけでなく他人をも、がんじがらめにしてしまう。

この「何々すべき」というのは、実は他者の視線への怯えから段々と私たちの心に植え付けられていくものなのではないか、ということが考えられると思います。

この「すべき」「ああすべき」「もっとこうすべき」「ああしなくちゃ」というのが、私たちをがんじがらめにしている。結果として、私たちの自然体が失われていくという、大いなる教訓となっているのです。

私も精神的に自給自足するようにそれなりに努めているわりには、それが不十分なために、人の評価を恐れ、人目を気にしてしまうところがあります。たとえば、私が身近な人たちとの間で交わすコミュニケーションと、講座などで不特定多数を相手にお話しすることとの間に態度の違いがあるのは否めないとも感じています。

本当は、人の前でもう少しふざけた感じでいたいという幼稚な心持ちがあるため、親密な人の目の前では、変なことを言ってふざけて甘えたり、からかって遊んだりして、迷惑をかけることがあります。ただ、いかんせん私がふざけて勢いに乗ってしまいますと、あまりにも変なことを言ってしまいそうなので、公衆の面前ではふさわしくないという自制心が働き、ほぼ無意識的に抑えています。

その裏には、「あまり変なことを言って、『実はこんなキテレツな人なんだ』とマイナスイメージを持たれたらどうしよう……」という、人目を恐れる心理作用が働いているのです。その結果、「人前ではこうこう、これこれの振る舞いをすべき」という縛りが生じて、そういう「べき」で自分を縛らなくちゃならないのは、結構苦しいことなんですね。

その「べき」というものが、私たちを縛っていれば縛っているほど、「自然のまんまだったら、本当はこうしていただろうにな」と思われるあり方が、他者の視線を気にした、言わばオフィシャルモードになり、キチキチと型にはめられていってしまいますから。そうして自然体から遠ざかった分だけ、私たちは常にストレスを抱えながら生きていくことになります。

そのような振る舞いは一見、礼儀正しそうに見えて、キチキチした度合いが強ければ強いほど、一緒にいる人にもキチキチ感を与えてしまい、堅苦しくさせます。礼儀正しくしているつもりが、むしろ相手にある意味、失礼だったりする場合があったりするわけですね。

仏道のことをご存じの方は、こうして自然体でいることを強調するのに対して、「あれ？」と思われるかもしれません。というのも仏道では、戒学《かいがく》・定学《じょうがく》・慧学《えがく》を三学と言い、戒（自己に戒律を課すこと）、定（精神の集中をするトレーニング）、慧（自己観察による智慧）の三位一体を基本にしており、このうち最初の戒は、「こうすべき」によって自分を縛り、律しようとする側面があるからです。

それはもちろん、仏教を実践するうえで重要なポイントではあるのですけれども、ともすると戒律を守ろうと必死になることにより、「ちゃんと守れている自分」に酔ったり、守れていない他人に対する優越感を持ったり、という不自然さの中に陥るという落とし穴があります。

私自身も折りにふれてついつい戒律に執着してしまうのも含めて、そういう例を多々見受けるものですから、それを解毒する意味で、自然体の大切さを述べたかったのです。

釈迦《ブッダ》の教説を見ておりますと、結構「こうすべき」「ああしてはならない」ということを厳しく言っている部分も、たくさん見当たります。

たとえば、「少欲であれ。貪《むさぼ》ってはならない。欲望を捨てて無欲であり、心が完全に静まっているように」という『経集《スッタニパータ》』第７０７偈を額面通りに、今すぐ己に課そうとするなら、（生真面目な人の場合ほど）たちまちに居心地悪く感じることでしょう。

なぜなら、「『無欲』であるべき」という縛りを強くかけすぎると、そうは言っても「人に褒められたい」という欲や、「自己実現したい」という欲や、「美味しいものを食べたい」という欲がある自分自身に対して、イライラする羽目になるからです。「どうして、もっと無欲になれないのッ？」とばかりに、背伸びをしたがり、素の、ダメな自分を自己否定したくなりかねないのです。そうして急いでみても、結局すぐに無欲になれるわけもありません。

無欲であろうとする自己ルールを課して、それが自然にスッと実現できる人は、何の問題もないのです。けれども、自分にルールを課そうとする際は、それが、現在の自分にとって適しているかどうかを、測る必要があろうかと思われます。

いきなり、自分の身の程に合わない、ハイレベルすぎる「〇〇すべき」を課すなら、途端に心は自然体でいられなくなり、ギシギシときしみ出すことでしょう。

そうではなくて、仏道の真髄とはむしろ「慧」のほうにあり、それは、欲のある自分がいるのを見出す都度に、ただ己の自然体のままに、気づいてやることの中にあります。すなわち、「褒められたい自分がいるのだなあ」「成功したくてたまらず焦っている自分がいるのだなあ」とばかりに、ただ己の心の置かれている欲の状態を、あるがままに気づき、ただじっと見つめていてやるのです。この「気づき」については後述しますので、ここではこれくらいで終えておきましょう。

自然体は、それを意識しすぎれば不自然になる

次は、この言葉を読んで、その意味するところを感じ取ってみてください。

「『私は自然体』、と意識するのはすでに不自然であることよ」

これは私がテキトーに作った文言ですが、老荘思想というものに少しでも触れられたことがある方は、「あ、老荘っぽい発想だなあ」と感じていただけるかもしれません。

先ほど、自然体ということに触れましたけれど、「自分は早く自然体になりたいものだ」と思うことは、自己矛盾を孕《はら》んでいます。

「今はまだ自然体ではない」と感じている自分に対して、「自然体になるべきだッ」と脅迫しているようなものでありまして、これは不自然の極みであると言えるでしょう。

仏教的に考えれば、私たちの心は、これまで積んできた業《カルマ》に応じて、一定の法則性《ダンマ》に従って、変化していくものです。この変化のことをこそ、無常《アニッチャ》と名づけているのです。私た

ちの心が、無常に応じて変化する自然な流れの中で、時が熟していないタイミングで、「自然体になりたい」とか「心静かになりたい」などと欲求しても、そうした願望は法則性《ダンマ》に反していますから、決して実現しません。

ですから、「自然体になろうッ」とムキになって力むのは、逆効果なのです。むしろ肩の力はスッと抜いて、ただただ、自分が自然体でなくなっているたびに、「あっ、人目を気にして自然体を失っているなぁ」と、ありのままに気づいていてやるだけでいいのです。

前に引いた釈迦《ブッダ》の言葉を思い出してみるなら、自分がより優れた存在でありたい、という形で自分を意識することから離れることが、心安らぐための秘訣です。

そうして、自分の側の「こうしたい」「ああなりたい」という作為を手放して、法則性《ダンマ》に基づいて自然な変化が生じるのを、ただ見守りながら待つ、というのが、仏教でいう智慧の立場なのであります。そうすれば、無常による変化を自意識が邪魔することがなくなり、変化が滑《なめ》らかなものになる、ということです。

あるいはもっと言えば、自分が自然体の中にくつろいでいる真っ最中に、ことさら「私は自然体なんですよ」ということを意識したり、ましてや口に出して自慢したりするだろうかと考えれば、答えは否、なのです。

こういった、作為を離れるという発想につきましては、老子とか荘子というような人々の思想の中にしっかり根づいているものでありまして、この点に関しては、仏教よりも深く掘り下げられているようにも思われ、大いに参考にしたいものです。次の句はその老子からの引用です。「和光同塵」という部分ですね。

知る者は言わず、
言う者は知らず。
その兌《たい》を塞ぎ、
その門を閉じ、
その鋭を挫《くじ》き、
その紛を解き、
その光を和し、
その塵に同じくす。
これを玄同と謂う。

（『老子』第56章「和光同塵」）

よくよく、知を追求しつくした者。老子の言う「知」とは、むしろ知識なんていうものを完全に投げ捨てて、自然体そのものと化した人のことを指すと考えていいと思われます。そういう者は自分がどれだけ凄いとか、どれだけのことを成し遂げたとか、そういう自我に関わる余計なことをあれこれ意識してうぬぼれることもないし、ましてやそういったことを他人に言うこともないのである。

裏を返せば、余計なことをあれこれ言って、自分が真実を知っているかのように自己主張したがったり、あるいは、自分は自然体であるということをあえてアピールしたがる人は、むしろそれは知者とは言えないということなんです。

三行目の「その兌を塞ぎ」ですが、なにかしら開いて見せびらかすことができるようなものを、あえて塞いで中に込めておく、ということですね。それと同様に、自分の心の門をやたらに開けて外に発信するのではなくて、門を閉じておくんだ。

そして、自分の考えのあまりに鋭い発想というものを挫くというのは、それをまろやかにしておいて、周りの人と本当はちょっと違うけれど、その違いをまろやかにして隠してしまうといったニュアンスでしょうか。そんなに見せびらかさない、ということですね。

「その紛を解き」というのは、紛糾の「紛」ですから、自分の言論とか言説を他人と戦わせようとして弁舌鋭く語ることもできるのだけれど、そういった一切の自己主張は手放してしまう。そして、非常に光り輝いている、無為自然にして心は自在、という境地にありながら、その自分の中に光っているものを「和し」、まろやかにして目立たないようにする。

さらに、あたかも塵に同じくするというのは、自分を何ら特別な存在だと意識するわけでもなく、ただチリや石ころと同じように、そのへんにある物たちと同程度にしか感じない、と取れるでしょう。自分をとりたてて立派な他と違う特別画然たる存在として見なすことは、次章で取り上げる「自己中心性」の源泉です。自我を特別視するのを手放して、他の物や、人々と自分との境界線を取り払ってしまう。これを「玄同」と言っています。

玄同というのは、老荘思想の特殊な用語ですけれど、玄は玄人、とっても偉大なる、といったニュアンスで取ればいいかもしれません。偉大なる同じにおいて、違いを見出さなくする。すべて同じ、というところに持っていくという発想である、ととらえていただければと思います。

他のものに依存するのはなぜか？

次は、『自説経《ウダーナ》』と言われる仏教の経典からです。釈迦《ブッダ》の自説というのは、何か質問されて答えたのではなくて、自らぽつりぽつりと語ったと言われる経です。

何か他のものに依存する者には
動揺がおこる。
依存がなければ、
動揺はない。
動揺がなければ、
安心がある。
（『自説経《ウダーナ》』第8章第2節）

他のものに依存するということに関して、先ほども示唆したように「悟ろう」「自然体になろう」という、力んだ作為的な発想そのものすら、究極的には「今、ここにない何か」への依存すなわち煩悩です。そうした作為を手放すことでこそ心が自由になり、その自由さの中で自分の心の状態を、ただありのままに観察することで、望ましい変化が始まるのです。

それに反して「今、ここ」にない何らかの外部のものに依存して、こうこうしたい、ああなりたい、という欠落感で動いている以上、常にそれは心が何か他のものに依存して縛られているということであって、その程度に応じて私たちは、それがうまくいったり、うまくいかなかったりという結果に応じて一喜一憂し、心が動揺し続けます。そして、動揺し続ける以上、心の安心はない。

では、そうやって他のものに依存する原因は何なのか、と申しますと、この欠落感、足りないという感じ、自分を支えることができないという感じがそれなのですね。

第1章では、釈迦《ブッダ》の言葉を用いて、どんなに自分で自分のことを「とにかく私が正しいんだ」と頭の中で思ってみても、自分が正しいということの証拠にはならないため心は安心できない、ということを、いろんな角度から検証してみました。

自分で自分のことを正しいと思えないのが、私たちの頭の欠点というか欠陥みたいなものでもあると言えるでしょう。

自分のことを正しいと思いたくなければそれで終わるのですが、一方では正しいと思いたいという欲望が頭に埋め込まれているにもかかわらず、他方では自分で自分のことが正しいと証明することができないという仕組みに、この頭はできているという、拷問のような状態に人間は置かれている、という具合でありまして、トホホー、ですね。

自己肯定は証拠にならない

そのことについて、第1章でも取り上げた『ラカンの精神分析』という本の中から、また別の一節を取り上げてみます。

自己を意識する主体である限り、
我々は己の生命的根拠とでもいうべきものが
消去されたものであるということを
認めざるを得ないことになる。
（中略）
それは、いかようなものによっても、
適当に埋められるような穴である。

普遍的理性としての自己が見た、
個別としての自己は、このような
穴や空虚へと限りなく近づく。
（新宮一成『ラカンの精神分析』講談社現代新書）

「自己を意識する主体である限り」。自分のことを意識した途端に、私たちには自分のことを合理的に普遍的に、認識したいという欲望が生じます。つまり、自分を「みんな」が「正しいもの」として受け入れてくれるように、イメージしたくなる。正しいというのとは別の言い方をすれば、存在していても大丈夫なんだとか、存在価値があるんだと言い換えてもいいでしょう。

自分をそういうものとして、まっとうな存在なんだ、間違ってはいないんだ、ということを納得したくてしょうがない存在であるのです。

しかし、その正しさを保証してくれる究極の根拠であるところの、もともとの「生命的根拠」とも言うべきものとは、ものすごく具体的なレベルで言えば、次のようなことです。

私たちは本当に、本当の本当に、両親にものすごく望まれてこの世に生まれた、愛され祝福された、価値ある存在であったのかということです。

そのことに関して、自分の生まれの始原、一番最初に関して、そのときは自分の知性というのは一切存在しないので記憶していないですし、自分が確かに愛により祝福されていたという確固たる証拠は一切存在しないという意味において、生命的究極の根拠が奪われているというようなことが、ラカンの主張の一部にはあるのです。

そういう究極的な根拠が見つからないうえに、私たちが今この瞬間においても自分がまっとうに存在していいのか、存在価値があるということを自分で何か他のものに頼らずに納得することができるのだろうか、と考えてみれば、それはできないということなんですね。

そのできなさがあるがゆえに、そのできなさの穴を埋めるためにいろんなものを欲望し、必死でいろんなものをその穴に投げ込んでいくのだと。

自分が自分をどんなに肯定しても存在価値の証拠にならないので、しょうがないから他者の視線をそこに利用して、自分が承認されている、愛されている、大事にされている、意味がある存在として扱われている、という証拠をいっぱい集めていきたくなるわけです。

しかし、そうやってどんなに、穴を埋められる対象を手に入れ続けても、なかなか心が完全な納得をしてくれないので、ひたすらその空虚に何かものを入れ続けなければならないという受難があるんですね。

自分で自立できない圧倒的な受難

その一般的他者として、自分を見つめてくれているような「抽象化された他者の視線」というもののことを、前章でも説明したように、ラカンは「大文字の他者」と言っているのですが、その「大文字の他者」というものに比して、自分が存在するに値するものであるという証拠としていっぱい見つけてくるものは、彼のまたちょっとややこしい用語で、「小文字の対象ａ」などと言われています。

それは、なんらかの対象なんですけれども、「大文字のＡ」＝大文字の他者に対して「小文字のａ」＝小文字の他者になっているんですね。

「大文字の他者」に自分が愛されている、自分が存在価値のあるものであるということの証拠になるような、なんらかの物証のことをそういう用語で呼んでいるのです。ちなみに、そのような小文字の対象ａには、なんだってなり得るんですけれども。

代表的な例として〝対象ａ〟になり得るのが、糞便と乳房と眼差しと声だというふうにラカンは言うんですね。

それは、最も小さいときに自分の存在を肯定してくれていた、自分が生きていてもいいと言ってくれていたのが、栄養を与えてもらえるという事実であり、それは乳房と接触できて母乳を与えてもらえていたということなのです。母乳を与えて生かしてあげようと思ってもらえる程度には、自分は愛されていたのだろう、というかすかな記憶が、自分が存在しているということの根拠を一瞬与えてくれる。

あるいは、それが自分の中で栄養として摂取された後に出ていくゴミであるところの糞便ですね。結構、幼児はそれにいろんな関心があるんですが、文化的タブーの中で段々と排除されていったりもするので、ここではその話を進めるのは止めておきます。

眼差しや声というのは、優しい眼差しで自分のことを見てもらえていたとか、まろやかな声で呼びかけてもらえていたとか、そういった愛情の証になりそうな記憶の断片ですね。

それらを思い出し得る記憶のギリギリのところ、3〜4歳くらいのところまでギリギリそれができますかね。そういうところまで遡れば、なんとか断片的に自分が肯定されていたイメージが、誰しもポツポツとは見当たるのだと思います。

けれどもどんなに、対象aを穴に入れていっても、自分が大丈夫という幻想は、ときどきは成立するのですが、あくまでそれは幻想である。そうやって安心したら、そのまま一生安心できるかというと、また段々と不安になってきて、別のものを入れたくなる。

仏教的に見れば、安心してもそれはすぐに消えるものでしかなく（＝無常）、必ず不安が戻ってきて（＝苦）、自我を確定することなどできない（＝無我）ということです。

そういう繰り返しで、私たちは常に何かに依存していき、孤独の中に留まっておれない。自分で自立できないということのこの圧倒的な受難のまっただ中で、この穴に対象ａを入れていきたくなってしまう。

かくして、自分の生命的根拠が抹消されている、根拠を与えてくれるものが抹消されているがゆえに「自己は、このような穴や空虚へと限りなく近づく」と。このことの中に、私たち人間の受難が見てとれようかと思います。

是非判断を他者の視線から取り込んでしまう

では、そうやって自分で自分に根拠を与えることができない、欠落感を抱えた私たちは、どういうふうにこの苦境から脱出してゆけるのでしょうか？

自然体とか、あるいは身体性に立ち戻るというヒントを出してきましたけれど、私たちが自分で自分を縛っている諸々の「べき」「しなくちゃ」「これが正しい」「あれが間違っている」という価値判断は、先述のようにもともと赤ちゃんのときからそんなことができたわけじゃありませんよね。

いろんな人たちから自分が否定されたり、自分が肯定されたりすることが、人生を通じて何度も何度も繰り返されてきた挙句、これは私の仮説ですけれども、その他者の視線を何兆回と浴びてきたものを全部足して、その回数で割った平均値のような他人の視線を通して、私たちは自分で自分を評価するようになるのだと言えると思います。

私たちの心の中に、自分を評価する視線というものがありますよね。仕事がうまくいかなかったらイラッとする視線というのは、「あなた、できなかったじゃない」っていう視線ですが、そんな視線は生まれたときにはほとんどなかったわけです。

物事が失敗したときや迷惑をかけたりしたときに、他人から否定されるということを繰り返すに至って、失敗したら他人から否定される前に、先に自分の中で予行練習するかのごとく、自分で自分を批判したり、あるいは、物事がうまくいった際には人から褒められてきた視線を自分の中にコピーして、自分で自分を褒めたりしているのです。ですから、どんなことで嬉しくなったり落ち込んだりするのかのパターンは、これまでどんなことで人から褒められたり否定されたりしてきたかということの組み合わせによって、各人各様に変わってくることでしょう。

これも仮説なのですが、こんな心の機能がなぜ生じているのかと考えてみれば、そうやって他人による否定とか承認を内面化することによって事前に予行演習ができ、自分が自分によって褒められるように行動しておけば、他者からの評価を大きく外れる心配がなくなるからだと言えると思います。

あるいは、他者からの否定をあらかじめ最大公約数的に取り込んでおいて、どんどん薄めていくと見てもいいかもしれません。三人からまったく違う批判を受けた場合は、全部そのまま内面に刷り込むことはできません。三つの意見はそれぞれ矛盾していますから。その共通点を抽出して最大公約数的に放り込んでいく、という感じにとらえてみましょうか。

それで、自分が自分を褒める声に従って、褒められるように動いていけば、他者からも褒められる確率がなんとなくアップしそうですよね。

そんな具合に取り込み刷り込んでいって、いつの間にか私たちは、自分に「こうすべき」「こうすべきじゃない」「こうしたら嬉しい」「こうしたら嬉しくない」ということをつくり上げていくのだと思います。

ところが、そうやって私たちの中につくり上げられる「べき」「べきじゃない」というのは、私たちの自然な振る舞いや、自然に言いたいことややりたいことというのを、あちこちから疎外して体を緊張させますので苦しいですよね。

それなのに、是非判断をする、「良い」「悪い」という人為的思考を他者の視線から取り込んでいってしまう。大人になっていくに従って、私たちはそうなってしまうんですね。

ですので、これは滑稽な話なのですけれど、みんなが見ているところで躓《つまず》きそうになったら、私たちは「えへっ」と言ったりして、他人の目にアピールしたりします。あまりにもそれが内面化してくると、誰も見てないところでちょっとコケそうになっても「おっと」とかポーズをとって、あたかも誰かに見せているかのような振る舞いもいたします。

それは誰も現実の他者がそこにいないのに、自分の中に植え付けられた、実在しない不気味な他者の視線に対して、ちょっとコケそうになったことを弁解しているというか、そんなことまでするくらいに、私たちは他人の目を取り込んでしまっているんですね。

それによって自分のことを良い・悪いと裁いたり、それをもとにして他人をも良い・悪いと裁いたりしてしまうせいで、物事がシンプルにいかなくなる、苦しくなる、不自然になるという次第です。

自由自在の心の境地とは

というところから翻って、次は老荘思想の『荘子』からです。仏教がインドから中国にやってきた時点で、『荘子』に強い影響を受けて禅宗というのが成立しました。中国・日本仏教の血脈の30～40％が、実は老子や荘子です。

これは『荘子』の「斉物論《せいぶつろん》」というパートから引用してみました。

これを和するに
天倪《てんげい》をもってし、
これによるに
曼衍《まんえん》をもってするは
年を窮《きわ》むるゆえんなり。
（中略）
是もし果して是ならば

すなわち是の不是に異なるや、
また弁なし。
（中略）
年を忘れ義を忘れて
無竟《むけい》に振う。
故にこれを無竟に寓《ぐう》す。
（『荘子』斉物論）

最初に「これを和するに」と、いきなり「これ」と出てきてしまうと困ってしまうかもしれませんが、その前段の文脈は次のようなものです。

ある論者が相手と話をしていて、「もし私の考えがあなたの考えよりも正しいと言うことがうまくできて、そうして私があなたを論破したならば、私が正しいということになるのか？　あるいは反対に、あなたが私を論破したら、あなたが正しいということになるだろうか？　いや、そうはならないだろう」と言う。

「なにせそれは、私が『自分が正しい』と言っているだけで、論破できたとしても言葉がうまいというだけのことで、それは正しさの究極の基準にはならないから。それにあなたも『自分が正しい』と言っているだけで、もし私を論破できたとしても、それはあなたの言葉が上手だというだけで、正しさの究極の基準にはならないから」と。

これなどはまさに、先の引用で釈迦《ブッダ》が言っていたこととほぼ一緒のことですね。自分が言っていてもそれは基準にはならない、ということです。

「では、第三者を審判として呼んで、その人に裁いてもらったら、どちらが正しいか証明できるだろうか？　いや、それもたぶん無理だろう」と続く。

「なぜなら、その人にも個人的な意見があって、その人がもしあなたと同じ意見だったら、その人はあなたのほうが正しいと思うだろうけれど、それはその人のエコ贔屓《ひいき》にすぎない。あるいは、その人がもし私と同じ意見なら、私のほうが正しいと審判してくれるだろうけど、それはまたその人のエコ贔屓にすぎないのであって、その人の判断が正しいという証明は得られない。つまり、審判の第三者の考えが正しい、ということを保証することはできないので、審判は成り立たない。

そしてまた、その人があなたとも私とも違う意見だとしたら、ましてやどっちも違うと言ってくるわけで、誰が正しいとは言えないだろう」と。

それ以外のどんな証人を第三者として呼んで来たとしても、実際のところ、その人が誰かを正しいと言っても、では「その人の判断は正しいのか?」という疑問は消せないため、証拠にはならないわけです。結局のところ、「誰が正しいとは言えないだろう」ということに帰着するわけです。

そういう論争が起きてしまっているのを前提に、この一節があります。

一行目の「これを和するに」は、それらの論争を和合させる、そこに論争とか争いとかいうのを起きなくさせる、平和にするにはどうしたらよいか、と問うているわけです。

それを受け、

「天倪をもってし」

とあります。

論争があったなら、その論争とはまったく別次元の天から眺める視線に自らの心を置く。天から倪《にら》む、天の遠くから眺めるということですね。その無限遠《むげんえん》からの客観性をもって、「ああ、こうなっているなあ～」「ただ、論争が生じているな～」「Aという正しさとBという正しさが、ただ相並んでいるなあ」と眺める視線を置くに留める、という態度を示しているのです。

続いて、この天倪の視線によっているときに、私たちは「年を窮むるゆえんなり」。もう心が大変安らかであって、その安らかさの副作用として年を極め、長寿・長生きする、と。まあ、それは置いておいて次に進みましょう。

「是もし果して是ならば」ですが、是とは「正しい」ということです。一方の人が正しいと言い張っていることを「絶対正しい」と思い込んでしまうなら、そんな傲慢な正しさなんていうのは、不是ということに異なるだろうか。いや、不是に異ならない。すなわち「正しくない」ということになってしまう、と。正しさに執着した時点で、正しくなる、という皮肉を説いて、正しさへの執着を手放すことを教えてくれているのです。

それを受け、次の行に、

「また弁なし」

とあります。

正しい、正しくない、の間に傲慢な区別をつけることはできない、ということです。それは、仏教心理学的に申せば、「自分が正しい」という自己正当化をはかる「見」の煩悩に気づくことによって、その自己正当化が薄まる方向へと変化を導いてやることだ、と申せましょう。

「義を忘れて」は、善悪の判断のことですね。良いとか悪いとか、正しいとか正しくないという判断を忘れる。

そして「ただ無竟に」の「無竟」というのは、そういったキチキチした竟、枠をはめない、ということです。その枠なしに心を自在に振るうならば、最終行の「故にこれを無竟に寓す」ですが、自由自在の心の境地にいられるのだということが述べられているのです。

偽善の仮面の内側にあるもの

ここから汲み取ってみたいのは、他者との論争から翻って、私たちの内面の論争に向けてこの天倪の視点をちょっと応用してみたらどうかというところなのです。

たとえば私は、昔は本当に気が弱くて（いえ、今も気が弱いですけど）、自分から電話が切れなかったんですね。他にも、友だちの家に遊びに行ったら、なかなか帰れなかったんです。「今日はもうこのぐらいの時間で帰りたい」と思っていても、「帰るって言ったら傷つけるかなあ……」なんて、気にしすぎてしまって。

友だちの家から帰れないのはまだましだったのですが、電話が切れないというのは相当つらくて、いつまでも長電話してしまうのが苦痛で電話が本当に嫌いになり、自分から電話をかけることが滅多にないくらいでしたね。本当はそうなる前に、良いタイミングであっさり電話を切れるようになれば済む話だったのですが……。

なぜ電話を切れないのかというと、今このタイミングで切ったら、相手に「あっ、もう切っちゃうんだ」と思われたらどうしようと考えて変に気を使ってしまうせいで、向こうが「切るよ」って言うまでずっと切れないという愚か者だったのです。

こういう場合、私たちの心の中では論争が生じていて、切るのが正しい、切るほうが気持ちいいでしょ、そうしたいでしょ、もう疲れているでしょ、という声がある反面、やっぱり相手に失礼だし、悪いし、切れないよ〜、という気持ちがある。

でも、その「悪いし」という偽善の仮面の内側にあるのは、相手から承認されなかったらどうしようとか、相手を傷つけて自分が嫌われたらどうしようとかいった、孤立することへの恐怖にすぎないんですね。

こうして、心の中に「本音」と「偽善」の間で激しい論争があるとき、「いやここで切ったら悪いでしょ、切るべきじゃない」なんていう風情の義務感みたいなものが、実際は偽善のくせに正義の仮面をかぶってやって来て「いや、切るべきじゃない」などと言ってくるから、「ああ、切るべきじゃない」という気持ちになってしまうんですね、私たちは。

そうして、不自然な背伸びが始まっちゃう。

その背伸びのせいで、実際は自分が苦しむ選択をしてしまうわけなのです。また、その選択で本当に相手が楽になっているのかというと、別にねえ……、そうはなってないことも多いわけです。

そういった心の葛藤を見つめるには「天倪をもってし」。二つの選択肢のうち、どちらが良いとか悪いとかいうことではなくて、「あ、そうですね、どうやら二つの考えが争っているらしいのですなあ」と、はるか雲の上からあたかも他人事のように眺めてみるのです。

微笑ましくなる距離から俯瞰してみる

「相手に悪いし……」という感情に対しても、こうして偽善なんだと説明されると、それは悪い感情だと思いがちですよね、私たちは。

悪い感情だと考えますと、その悪い感情という悪をやっつける、自分は正義のヒーローだという感じになっちゃうんですね。さっきまで正義の仮面をかぶっていたのが、実は悪人だとわかったら、それをやっつける正義の仮面を今度はかぶりたくなっちゃう。さらには、「そうして正義の立場に立ちたがるのも悪でしょ」って言われれば、「あ、やっぱりそれは悪なのか、やっつけなくちゃ」。また正義のヒーロー……という形で、私たちの心は正義のヒーローになりたがる無限連鎖みたいなものを持っているわけです、トホホー。

ですから、仮に過去の自分はよくなかったと反省してみましても、一見自分の正しさを手放しているように見える割には、その過去の悪い自分をやっつける正義のヒーローとしての自分になってしまいがちでありまして、そうして「今の、反省できている自分は正しい」という煩悩が、決して「正しさ」を手放そうとしてくれないものなのです。

正義のヒーローになるのではなくて、「天倪をもってし」ということなんですね。もしくは「無竟に振う」。ものすごく遠くから見たら、自分の中での「正しい、間違っている」なんてとってもちっぽけな衝突で、本当にどうでもいいものが衝突しているだけなんだなぁ、ということなのです。

それに対して、口出ししようとしない、判断しようとしない。それは悪だっていうふうに口出しするのではなくて、「ただ、そう思っているなぁ」と柔らかく見るだけの視線になってしまうというのが、天倪のエッセンスです。そして、この何の是非善悪の判断も加えずに、ただただ中立的に眺めるという心の態度こそが、仏道で「念」＝「気づき」と呼ばれるものなのです。

こうして中立的な、ただあるがままに見つめる念《きづき》をもって見つめてやる。つまり、口出しせずに邪魔立てせずに、やっつけようとせずに「ああ、そうかあ。そんなに相手に嫌われるのが怖くて、今切らないでいるんだなあ～、そっかあ～」と、すごく遠くから、天の果てから、微笑とともに見つめてみる。はるか遠くから見つめるなら、ちょっと微笑ましいくらいに感じられますよね、情けない、現実の自分が。素の、ありのままの弱い自分を、微笑ましく認めてあげること。

その微笑ましくなる距離から見てやったときに、見られているのは自分の心中にたまった、汚れた泥なんですけど、その泥に柔らかい念《きづき》の光が当てられると、仏教のあらゆる宗派で用いられるメタファーで「泥中の蓮華」という事態が生じます。「泥から蓮華の花が咲く」というちょっとした不思議なことが起きるんですね。汚れた、嫌な感情に見えていたものが溶けて、温かい気持ちに変わるのです。

自分にとっての本当の平和とは

次は、私が敬愛するベトナム禅宗の出身の僧で、ベトナムの平和運動にも寄与した人なのですが、ベトナム政府から追放されてしまって、そのまま今はフランスでプラム・ヴィレッジというお寺というか、修行共同体のようなものを運営されているティク・ナット・ハンという方の著書から引用してみました。
日本語のタイトルは、微妙に恥ずかしく思えるタイトルに訳されているのですが、『あなたに平和が訪れる禅的生活のすすめ』という本です。「あなたに平和が訪れる……」と、少し押しつけがましい気がしないでもないですけれど、もともとのタイトルは『クリエイティング・トゥルー・ピース』、「本当の平和をつくる」という程度のシンプルな題名です。

自分の中の目覚めた資質、
つまり自分の仏性をもう一度呼び覚ますために、
この獣性を追い払ったり
殺したりする必要はありません。
ただ自分の獣性に微笑みかけて、
哀れみがつねに自分の中にあることを
思い出せばいいのです。

（中略）

あなたの獣性と仏性が
平和に仲良く共存するのを
可能にしてくれます。

（ティク・ナット・ハン『あなたに平和が訪れる禅的生活のすすめ』塩原通緒訳　アスペクト）

仏道を歩み、自分の中に目覚めた、悟りへとつながっている資質を高めていこうとしていても、再び自分が攻撃性とか貪欲さとか傲慢さとか嫉妬とか、そういった泥の中にまみれてしまい、諦めたくなったり嫌になったりすることもあるでしょう、といった文脈に続いて述べられた言葉です。

そういうふうな自分の中の獣性の中に、もう一度呑み込まれてしまうことがあっても、そこから出ていくための方法は、その獣を殺すために剣を持つといったやり方ではないのだと、内面的にも外面的にも非暴力であることを徹底した彼は、優しく説きます。

我が内なる獣性に対して、剣を持ってやっつけようとした時点で、正義の仮面をかぶった猛々しい存在へと、自分自身が成り下がってしまいます。その仮面をかぶる代わりに、その心は天倪、天からはるか遠くにあわれな存在を微笑みとともに愛おしむような視線で、見つめている、というのが先ほどの話でしたね。ここでは、はるか遠くからの視線で、そして柔らかく、我が内面の負の感情を見つめてあげること、それに微笑みかけてやること、それを抱きしめてやること、とまで言い換えてもいいかもしれません。

自分の中で生じている論争の悪役の部分、あるいは獣性というものは、そうやって微笑みかけられて、居場所を自分の心の中に与えてもらうと、まるでライオンが優しくしてもらったことで懐《なつ》くかのように、おとなしくなるのです。自分の心の中で、普段はいつも言わば天使と悪魔の戦争みたいになっている。戦争になると、どちらが勝っても負けてもどちらも傷つくんですね。

ところが、微笑みかけてあげて、居場所を与えてあげて、和解してやる、くっついてやる、一緒になってやる、ということをしてやると、まったく使えない泥のようなエネルギーと思えていたものが、おとなしくなって自分の中に取り込まれていく……。

そうやって、私たちの心の中で凍えたように凝固した、かたくなな感情も、ありのままに「そうかぁ、自分はこんなにしんどいんだなあ」と受けとめられて、その念《きづき》の光を当てられると、心の氷が解けていくときに、とてもホッとした感じを覚えます。自分の心が自分の心と戦っている感じが溶けて、自分と自分が和解するということを通じて、むしろリラックスした感じになったり、温かい感じになったり、そして元気が出るような感じになったりします。こうして、泥が蓮華を生む、ある種のエネルギー転換が図られるんですね。

　とてもネガティブなものに見えていたものが、力の方向をちょっと変えてあげるだけで、まったく違うポジティブなエネルギーに変わってしまい、元気になれる、そんな方向での変化（＝無常）を促すのが、ありのままの念《きづき》なのです。

ただ無条件に受けとめる

　こういう感じ、なんとなく、わかりますか？「あ、だめだ〜」と思っているような気持ちがあるとするじゃないですか。「自分は、今日はまったくうまくいかない」と思ってイライラしている。それは、他者の最大公約数の視線、言わば「大文字の他者」の視線が自分を貫いて非難しているんですね。

　具体的な他人は誰も非難してこなくても、自分の中に住んでいる他者が自分を罰するような視線、眼差しを向けてきていて、それに怯えて硬直してしまうことがあります。そういうときに、そのイライラしている気持ちを殺そうとしても、うまくはゆきません。殺したら何が残るのか。それは、汚臭を放つ死骸と、心と心が戦ったことによる緊張感、軋轢とか、そういったものが残るのですが。

そうではなくって。あ〜イライラしているんだ、とすごく遠くから……そうですね、あたかも自分が仙人であったら、地上の世界の人間がこんなことでイライラしてかわいそうだな〜、それはなかなかいつも心を乱されていてしんどいだろうな〜、かわいそうだな〜、つらいだろうな〜。そう思いつつ、遠い世界から同情の優しい微笑みを向けるような、そんな視線が自分に対して向いたときに、そのイライラしている感じが否定されずに、居場所を与えてもらえるんですね。そのまま抱き留めてもらえるというか。

これが、この世に起き得る、唯一の無条件の「受けとめ」というものです。

これまでお伝えしてきた条件つきの「承認」とは次元が違う理由は、何々を満たしたからそのように微笑むとか、何々を満たしたからそのように受けとめる、という条件が付いていないところがポイントです。

私たちは「あなた」「君」との二者関係というものを、どんなに理想的なところに持っていっても——かなり条件を外していくことができますし、条件を外せれば外せるほどていい関係になりますけれど――究極的にはどっかで条件が残ります。あなたと私、という二人の関係の中においては、「あなたが○○な限り、あなたを受け入れる」、という「○○」をすべて解除するのはほぼ不可能です。

自分の心を操作していって、自分をそのように扱う天倪の立場から、あるいは微笑みの立場から、ただ無条件に抱きしめる、無条件にただ居場所を与える、無条件に最後まで聞き届けてあげる。

他人は私たちの話の途中で口を挟んで何かを言ってくるもので、無条件に最後まで受けとめてくれはしないのが常でありますけれども、自分は自分に対して最後まで口を挟まない。こっちにしたほうがいいとかダメだとか、イライラしていてはダメだとか、もっとポジティブにいこうよとか、そういった押し付けがましい判断や意見を途中で挟まずに、最後までじ～っと気づきを保ち、聞き届ける。

これが唯一の、無条件にただ受けとめるということです。そしてこれこそ、私たち人間が一番求めているものなのではないでしょうか。

さみしさに居場所を与える

なぜなら、先ほどラカンの言葉を参照して示したように、人は自分で自分を支えることはできなくて、自分で自分というものを「これでいいんだ」と論証することが絶対できない心の構造があり、そこにぽっかり開いた穴にひたすら何かを詰め込もうとして、詰め込めば詰め込むほど、違った、違った、違った、ということを繰り返す羽目になる苦しみから誰もが脱したくて、「自分はこれでいい」と受け入れられることを、喉から手が出るほど欲しているのだから。

自分の中で喜びや優しさなどの何か好ましい感情が起きているときに、「自分はこれでいい」と思うのは簡単です。だって、それは良い状況なのですから、自分を承認できるのは当たり前です。

でも、それは他人が自分に与えてくれる承認と一緒で、条件が常につきまとっていて、コンディションの良いときしか自分を承認することができないということは認識しておかなくてはいけません。この「無条件の受けとめ」を練習するのは、悪いことが起きたときにこそ最適なのだと言えるでしょう。

イライラしているときや嫉妬しているとき、自分が傲慢になって猛々しいときや迷ってしまうとき、迷って混乱している自分を承認し、ただ見守れるかどうかというところに、「念《きづき》」の練習の本質があります。遠くからにっこりして「あぁ、迷っているんだね〜」と、その迷いを聞きとめて居場所を与えてやる。そうすると、うまくいっていないそのままにただ認識される、ただ居場所を与えてもらえる、ただ落ち着かせてもらえるという、実は私たちの心が一番求めていて、普通に生きていて得られないものがそのようにして得られる。こうすることで、心の自給自足率が少しずつ上がっていきます。

これは少しずつであって、農業で言えば、種をまいてもいきなり作物は得られないのと同じだと考えていただけますでしょうか。

間違えてほしくないのですが、このことは「自分で自分を愛してください」とか「自分を好きになりましょう」というメッセージとは似て非なるもので、全然違うものです。自己愛なんていうのは、もう溢れすぎている、あまりにも多すぎて飽和してパンパンになってみんな気が狂いそうになっているわけです。その自己愛を、さらに増してくださいということではないのです。

自己愛というやたらポジティブになろうとしすぎる感じではなくて、ただニュートラルに微笑んでいて、ただ受けとめて、ただ場所を与えている。ただ、それだけ。それで、おしまい。

やたらポジティブに饒舌になるわけではなくて、静かに黙って、微笑んで、そこに居ていいよという感じで、自分の中にいる悪い子どもたちを、そうやって安心させてあげるとでも言えばいいでしょうか。

すると、受け入れられて安心した、心の中に住み着いた子どもたちが、それまで悪ガキだったのが、ちょっと性質を変えて、自分のために頑張ってくれる子どもになったりもします。

ですから、うまくいかなくてイライラしているとき、それこそグレゴール・ザムザが「ある朝目をさますと、虫に変っていた」というようなときに、むしろその孤立感から強引に抜け出そうとしない。その自分の孤立感というか、圧倒的なひりつき感みたいなものを消そうとせずに、むしろ自然体のままに「うん、これこれこういうふうな因果関係で、自分は孤立してさみしいと思っているんだな〜」と、そのさみしさに居場所を与えてあげてください。

そうすると、温かい気持ちになります。その温かい気持ちっていうやつは、無から生まれたわけではなくて原材料はイライラですが、イライラが居場所を与えてもらえて、ちょっと生まれ変わったことで、「泥の中から蓮華が咲く」ということになっていくのです。

つながり過剰ゆえの孤独感

次は『経集《スッタニパータ》』の第37偈です。この第37偈前後では、ひたすらしつこいくらい「犀《さい》の角のごとく一人歩む」って、そんなに何回も言われたら刷り込まれて洗脳されかねないよねえ、というくらい何度も釈迦《ブッダ》が言っているんですけれども。そのうちのひとつの言葉です。

友人、知人への情に
心が縛られて
つながり過剰になった者は
自分の大義を見失う。
このことをつながりの中に見る者は
孤独に歩む。
シャキンと突き出た
犀の角のごとく。

（『経集《スッタニパータ》』第37偈）

この句が説かれている対象は釈迦の直弟子たちで、文字通り、世間から離れて孤独に歩んでいる人に対してのお言葉です。

現代人が、むやみに他人とつながり続けていたいという他者依存《さみしさ》によって精神的自給率が下がりすぎ、自給率が5％なんてくらいに落ちぶれて、95％を外に頼るぐらいつながりというものを求めて、必死になって対象aをあちこちから探し回っているとしたら、それによって自分の生きる道を見失って、とても苦しい状況になってしまう。

それで、「孤独に歩む」というのを勝手に読み換えるとしたら、「この俗の中にまったく同じように溶け込みつつ、みんなと一緒に過ごしてはいるけれども、どこか心は50％くらいは密かに自給している」ということでしょうか。自給率は60％でも、70％でも40％でも構いません。

というようなものを、現代的な「推奨できる孤独」としてお伝えしたいと思います。

現代のその推奨できそうな孤独に反して、苦しみをもたらすような孤独感・孤立感というのは、この章の最初のほうでグレゴール・ザムザの例でお伝えしたように、人とつながろうとしているのにちゃんと通じ合えないというときに、かえって増幅されます。

お互いが、「相手に気に入られるべき」「相手を傷つけるべきでない」なんてことにやたらと縛られて、言葉にいろいろ気を遣いすぎていたり、あるいはネット上で短い空疎な言葉をかけ合ってつながっているつもりになればなるほど、むしろ比例してお互いの理解がちゃんとなされていないという気分が増して、みんなグレゴール・ザムザのように「朝目をさましたら虫だった、昼も虫だった、夜も虫だった、誰とも理解し合えない」みたいな気分を味わう羽目になる。かくして、つながりが過剰になってべたべたした中でこそ、みんなが孤立して居場所を失っている、という逆説があるように思います。

自給率アップの心の〝農業〟

他者から承認されることを求め、つながろうとしすぎるからこそ、孤独感が深まるという理路を踏まえると、つながろうとするのではなく、むしろあえて孤立してみせようとすることで、他者への期待が弱まり、孤独感が癒えるとも言えそうです。

つまり、「孤独に歩む。シャキンと突き出た犀の角のごとく」とばかりに、精神の自給率を高めようとしておく。そのための要諦は、他者からの承認や自己実現による承認からの輸入にあまり頼らずともよくなるほどに、自分が自分のことにありのままに気づき、無条件に承認していることです。

　ですから、イライラするときは「イライラしているのだね」と気づき、否定せず、ただ承認してやる。やる気が出ないときは、無理に「頑張るぞッ」とカラ元気を出す代わりに、「やる気が出ないのだね」と気づき、ただ承認してやる。嫌なことが忘れられないなら、「忘れられないのだね」と微笑みとともに気づき、承認してやる。嬉しいときにも、「嬉しいのだね」と気づき、承認してやる。リラックスしたときは、「リラックスしているのだね」と気づき、承認してやる。「良い」「悪い」という主観的な判断は捨てて、ただ無条件に「そうなのだね」と承認するのです。

　私たちの心は、このようにいつも気づいてもらい、見守り承認してもらっているということを通じてこそ、安心感や幸福感を自給自足し始めるのです。他人では、こんなに細かに、私たちの内面の変化に決して気づいてくれませんし、承認してくれることもないのです。

　こうして自分が自分につながっていて、気づきの光が心を照らしているときは、自給率が安定します。なおかつ、その安定状態で内面を自己観察するなら、気づきの力が心の氷を解かして、徐々に私たちの心が自然に最適化され、変容してゆくのです。かくして自分としっかり付き合っているなら、第二者や第三者の顔色を気にする必要も弱まるのです。

もちろん、こうして自己に念《きづき》を向け続けるのは困難なことですし、それに挫折することも私たちには度々あるでしょう。そんなときは、ほどよく他者や自己実現から得られる承認に依存させてもらい、甘えさせてもらえばよいのです。

ただ、こうして輸入する度合いは、なるべく少なめにしておく。そうすることで、つながり合いながらも、なおかつ孤立していることが可能となりそうです。私自身もまた、失敗を繰り返しつつ、試行錯誤している最中であります。

そのような孤立において、この章でお伝えしてきた「精神的自給率50％ライン」というのがやがて満たされるように、心の中で自給率アップのための〝農業〟というものをしていきたいものです。

第3章 渇愛について

自分の基準に合わないものに対する怒り

この章では「渇愛《かつあい》」という仏教語をテーマにして、私たちの心の内部をひも解いていってみたいと思っています。

「渇愛」すなわち、私たちの、生命としての自己保存欲求。自分が生きのびることが最優先で、そのためになにを犠牲にしても構わない、という衝動。私たちが抱えている自己中心性というものにメスを入れていきながら、その自己中心性に風穴を開けることができるためのヒントを、仏教から引き出してみたいというふうに思っております。

自分と他者との関係について、自分自身の内部を正直に見つめていくと、他の人や他の動物や他の虫たちよりも、「最後は自分のほうが大事なんだ」というところに、誰もが行き着くはずです。

ここで、一例を挙げてみますね。

誰かに買い物を頼まれて、せっかく買ってきたのに「なんでこんな変な形のを買ってくるの?」と文句を言われたとします。「あなたが欲しいって言ったから買ってきてあげたのに、デザインが気に入らない、と文句を言ってくるなんてとんでもない。わざわざ買ってきてあげたのに」という気持ちで、怒りたくもなることでしょう。

その際、思考実験として、自分が自分の立場にいるのではなく、相手が自分だと立場を置き換え、自分は何十年かの間、相手その人としてその人の人生を歩んできたというふうに考えてみてください。そして、目の前の相手（自分ですね）に、「確かに買ってきて欲しいと頼んだけど、なにやら随分ピント外れのものを買ってきたなあ」というふうに感じたとします。

立場を入れ換える前は、「自分だったら、その状況に対してそんなことで不満を持って文句を言ったりしない」と思っているがゆえに、「相手もそう考えるべきなのに、この人はおかしい！」と考えて怒っていたのです。

しかし、私の過ごしてきた、培ってきた人生においては、自分なら文句は言わないことだと映っていても、もしも自分が相手の人生を追体験したうえで、同じ状況に立たされたとしたら、そこで腹を立てないということが可能だと、果たして断言できるでしょうか？

その相手の世界の中では、「言った通りにするだけでなく、私の好みをちゃんと反映してくれていない」というのは、一応やってくれても自分の望む基準には達していないため、いくら手間や時間をかけてくれたとしても、残念な結果であるばかりか、苛立ち、腹が立って当然のことであるという、傲慢さがあるのです。

その人のように誰に対しても、自分の要求を当てはめるという性質が何十年もかけて染み付いている人にとっては、それとは違う基準を受け入れるということは、不可能だと言えるのではないでしょうか。

ですから、もし自分が相手の中に入って相手を操縦する立場に立ったとすると、残念ながら相手の性質に基づいてしか反応できませんから、せっかく買い物をしてきてくれた人に対して、文句を言ってしまうということになるでしょう。

そう考えてみると、「文句を言ってくるのも、その人にとっては避けられないことで、仕方のないことよなあ」と、怒らずに受けとめられるかもしれません。相手の行為に対して怒ってしまうというのは、結局は「相手の物の見方より、自分の物の見方が優先されているから」です。

言い換えると、自分の世界観というのが相手の世界観より優先するのです。

やっぱり自分のほうが好き

少し下世話な例ですが、別の事例を取り上げてみます。

自分のパートナーや恋人、いや友だちというのが現実的かもしれません。ある友だちがお金に困っているとしましょう。事業の資金繰りがうまくいかない月があり、「月末までに1000万円あれば、事業が継続できるので頼むから貸してほしい」と言ってきたとしましょう。そんな大金をすぐに貸せる人はあまりいないと思いますが、たまたま自分の貯金をかき集めると、ちょうど1000万円あるとしましょう。

しかし、1000万円を貸してあげると1円もなくなるので、自分自身が今晩の御飯さえ食べられなくなってしまう。というときに、ごく常識的な私たちであれば、「いやぁ、その依頼はちょっと無理です」と答えるのは、ある意味当たり前ですよね。

それを「貸すなんて水臭いじゃないか。喜んで1000万円あげるよ」というふうになることは、たぶんないですよね。たとえお金が使いきれないほど余っている人でも、ありえないのが現実でしょう。

ここで言いたいのは、ある意味、当たり前のように聞こえるかもしれませんが、このやりとりの本質は「相手より自分のほうが大事」ということに基づいているということなのです。もしも、自分よりも相手のほうが大事だとか、自分よりも相手のほうが価値ある人間だという認識が、根源的に心の奥深くまで染み通っていたら、自分と相手に優先順位をつけず、相手のためになろうと、自分より相手を大切にすると思うのです。

ところが、私を含めて凡人は「自分のほうが大事」という、ある種の優先順位が身に付いていますから、仲のいい友だちであったとしても、そんな極端な要求をされた場合に、まず引き受けるということはしないでしょうね。

この「自分のほうが大事」という思いは、人との関係の話だけでは収まりません。人間に対してだけでなく、他の動物を食べ物にして私たちは生きているということにもつながりますし、相手の命より自分の命のほうが大事だと思っているので補食活動を続けることができているのが、ありのままの現実です。

また、仏教の五戒を守って生きようと意識している仏教徒もしくは、不殺生を徹底するジャイナ教徒でもない限り、世の中の人々は実に平気で、虫を殺します。家の中に汚い虫がいたら叩きつぶす、たとえばゴキブリがいたら、方法はともかくとして息の根を止める、というようなことも、生き物の価値に上下をつけて、ゴキブリの都合よりも自分の都合のほうが優先されるべきだというふうに思っているからこそ、それは行えているのです。

蚊がいるのを発見するやいなや、蚊を殺す道具のスイッチを入れるのでしたら、「夜、眠れなくなったり痒くなったら大変だから」と考えるかもしれませんが、ちょっと痒くなったり眠りが浅くなるのがイヤ、という程度の都合で、相手には死を要求するというほどに、相手（蚊）が何を感じているかなどは無視して、自分の都合のみを優先しているということなのです。

なぜ自分を優先するのか

ここで、クイズを出したいと思います。

「他の人よりも、他の動物よりも、自分のほうが大切、自分のほうが大事、ないし自分のほうが価値あるというふうに私たちが思っている理由はなんでしょうか？」

数秒間で構いませんので考えて、答えを自分なりに出してみてほしいのですが、皆さんいかがでしょうか？

答えは、

「自分が自分だから」

ただそれだけです。ある意味、答えになっていないように思われるかもしれませんが、実は、これが答えなんですね。

「自分が自分だから」という同語反復で、何を言っているのだと聞こえるかもしれません。でも、私たちは「自分が自分だから」という、ただそれだけの、とっても不条理な理由で、自分を優先しているのだと、私には思われます。

ここから、その解説をしてまいりましょう。

私たちの世界においては、世の中というのは自分の眼球を通じてしか見えません。他の人の目を通じて見えている世界は、認識できません。私たちの世界は、自分の耳を通じてしか認識できません。自分の耳に聞こえたことしか認識できません。同じように、自分の鼻に匂ったことしか認識できませんし、自分の舌に味わったものしか認識できませんし、自分の身体に触れたものしか身体感覚として認識できません。そして、自分の頭の中での思考しか認識できません。

それ以外のことは、「他の人はたぶんこんな感覚なのだろうな」「他の人はこのように考えているのだろうな」としか、私たちの頭は感じることができません。それゆえ結局、自分の中で起きている感覚しか私たちは認識することができなくて、私たちの脳は他者そのものが実際に何を感じているかには、アクセスできないようになっているんですね。

目・耳・鼻・舌・身体・意識の感覚器官のことを、「六門」もしくは「六処」、六つの門とか、六つの場処と書いて六処、などというふうに仏教では言うのですが、認識の入り口というのは「この六つしかない」というふうに考えているのです。

そして、私たちは認識するときに、自分が見たという認識の仕方しかできず、自分が聞いたという認識の仕方しかできず、自分が考えたという認識の仕方しかできません。他人については「この人は、こんなふうに思っているんじゃないかな？」と、自分が想像するという認識しかできない、絶対にできないんですね、それ以外には。

この六つの感覚器官から入ってくる情報によって、快感や不快感の刺激が走って、その刺激を栄養分にして心というのは生きていますので、その栄養分の発生源になっていることの感覚器官を持っているところの「自分」というのが、心にとっては決定的に大事になるわけです。

この認識というシステムがこの自分の身体においてしか起きない、ということをひとつの条件として、「自分というものは何よりも圧倒的に大事であり、他のものはどうでもいいのだ」ということになるのだと思われます。

自分というメガネを通してしか認識できない

ですから、すこぶる不条理なんです。そんな、たったそれだけのメチャクチャな理由で、自分を優先しているのです。別の言い方をすれば、「自分が認識の中心である」という認識論的な事実と、「だから自分が大事な存在である」という存在論的な錯覚をすり替える詐術がこっそり行われている、と申すこともできそうです。

もし、自分一人だけがまるでイエス・キリストのごとく神様の子だとしたら、そして、ものすごく心清らかな素晴らしい存在だとしたら、もしかしたら、他の人より自分を優先する権利というようなものが特別に得られるかもしれないですけれど……。

ところが、そういった特殊な理由はなく、単に誰もが一般的に持っている理由、単に「自分が認識するから、自分の身体と心を通じてしか認識しないから、この自分が大事」という、かなりめちゃくちゃな理由を通して、「私たちは自分が大好きなんだ」と最優先しているのです。

私たちは何を認識するにしても、「私にとって」というメガネを通じてでしか認識できません。自分にとって関係ない人とか、関係ない物とか、関係ない情景というのを、認識できないのです。

あらゆる物事を、自分にとって、好きなことか、嫌いなことか、好きでも嫌いでもないことなのか、というような区分けで評価して色を付けているのです。

食べ物を例にすれば、サバが好き、嫌い、普通という、好みの認識にはこの三種類があります。私は子どもの頃、サバが好物でしたので、サバが食卓にのぼるのを見るだけで、「快」を感じて嬉しかったものです。サバアレルギーの人にとっては体がかゆくなる嫌なものであり「不快」を感じるという、アレルギーのない人とは違う色が付いていたりしますし、それ以前にベジタリアンにとっては「自分にとってサバは食べ物ではない」という認識がされていたりするかもしれません。このように、自分にとってどうかという見方しかできないわけです。

今度は人間で考えてみましょう。人付き合いであれば、どのように色分けされていることが多いでしょうか？

食べ物と一緒で、好き、嫌い、好きでも嫌いでもないその他大勢、という三種類は同じのようで、およそ「味方」「敵」「どうでもいい人々」に分けられていることでしょう。

私たちを支えてくれたり、褒めてくれたり、プレゼントをくれたり、あるいは外見が好みだとか、性格が好みだとか、私たちにとって都合の良い相手のことは、この心が渇愛に従って、勝手に「好き」の部類に入れるものです。五感ないし思考を通じて、「快」の感覚を与えてくれる相手のことは、自動的に「好き」のほうに区分けされるのです。

反対に、批判してくるとか言うことを聞いてくれないとか、声がうるさいとか見た目がイヤとか、私たちに「不快」の感覚を与えてくる相手のことは、自動的に「嫌い」のほうに区分けされます。ですから、元々は好意を抱いている相手であっても、その人が攻撃的に批判してこようものなら一時的に「こんな人はイヤだ」という区分けに、コロッと変更になるのです。

ただし、世界的に見てみますと、味方と敵、それ以外は圧倒的多数のその他大勢というふうに色分けされているわけですが、60数億人がいる地球において、多くの人がどうでもいい存在として、認識の範疇に入っていないということも言えると思います。それはなぜかと申せば、彼らは私たちに「快」や「不快」の刺激をもたらさないからです。

こうして、私たちは自分にとって、好ましい、好ましくない、どちらでもないから無視する、この三種類の色分けに基づいて世界や人々、物事を色分けしています。

このようにして、対象をありのままに受けとらずに、「良い」「悪い」「どうでもいい」という主観的な歪みを加えるので、世界があるがままには見えない。

この、「私にとって」の色分けというフィルターを外したときに、無条件に好ましい人などというのはこの世界に存在しません。それは、すべての人に好ましいと思われるような、理想的な人は存在しないということを示しているとも言えます。

理想的だと言われる人ですら、その人から不快な刺激を受け取るフィルターを持つ人からは嫌われるのです。あの釈迦《ブッダ》ですら、彼のことを都合が悪いと思う人々から嫌われて、いろんな人々から攻撃されていたのですから。

ましてや私たち凡人というのは、ある人にとって好ましく映るのはいいとしても、ある人にとっては大変嫌悪すべき対象として映ってしまうのは、やむを得ないのです。そして私たちが60数億人のことをどうでもいいと思っているのと同様に、60数億の人たちは私たちのことを知りさえもせず、ただのアジアのどこかのジャポンとかいう国の似たような顔の人たちの群れの一人というくらいにしか、ほとんどの人は認識していない。それはお互い様なのです。

ということは「私にとって」というメガネを取ってしまうと、好ましい存在だけでなく、嫌な存在も実在しない。「好ましい」とか「嫌」というのは、ありのままの世界には存在しない、脳内でつくられる妄想なのです。

貪欲《とんよく》、瞋恚《しんに》、無知

それで、この好ましい、嫌悪が走る、関係ないから無視する、という三種の色メガネが、仏教を多少なりともかじったことがある方であれば、それぞれが「貪欲」「瞋恚」「無知」という、三つの心のあり方に対応しているのが、おわかりいただけると思います。

「貪欲」、貪り欲望する。自分にとって気持ちいい感覚を、もっと欲しいというふうに欲求するあり方。

「瞋恚」、自分にとって好ましからざる苦しみをもたらす感覚を打破したい、退けたい、攻撃したいという欲求。

そして「無知」、自分にとって苦しみをもたらさず、また気持ちよさももたらさない存在に対して、無関心になり忘却するという心のあり方。

私たちは、そもそもあらゆる物事を、通常はこの三つの煩悩を通じてしか認識できないという次元に生まれています。ややドラマチックな言い方をすれば、身体という牢獄の中に入れられていて、その牢獄の格子にはガラスが張られていて、そのガラスが色メガネのようになっています。

その色メガネを通じてしか世界を認識することができず、その色メガネのあり方として何かものを見ると、決まって「好ましい」「好ましくない」「どうでもいい」という三種類の反応を示すようになっているんですね。

「自分がただ自分である」というだけの理由で自分を優先し、自分にとって都合のいいものをひたすら追求する。都合の悪いものは、他者を苦しめてでも破壊しようとする。

「自分が自分である」という牢獄から意識を外に抜け出させるアプローチについて、後ほど、まとめに入る段階でお伝えしたいと思っていますが、「自分が自分である」という不条理のことは覚えておいてください。

ただの感覚として受けとめる

次は、『相応部経典《サンユッタニカーヤ》』の「六処編」の中から引っ張ってきた言葉です。

聖なる多聞の仏弟子は
楽受を受けて、
貪に縛られず、
苦受を受けて

楽に縛られず。
（『相応部経典《サンユッタニカーヤ》』「六処編」）

この部分は、有名な第二の矢のたとえと言われるものです。

ここで言われている「聖なる仏弟子」に比較して、私たち普通の人間は「楽受」、すなわち気持ちいいという「快」の感覚をインプットされると、その「快」を反復したいという「欲望」が生じて、貪りに縛られる。また苦しみ、すなわち「不快」の感覚がインプットされると、その苦しみに対して嫌だと思う感情「怒り」が生じて、その嫌悪感に縛られる。

苦しみが、一番目の矢として心に刺さったのだとしたら、その苦しみに対する怒りを生じさせて悩み悲しむことによって、苦しみが増すということは、多くの人が知っていることですね。風邪で喉が痛いとき、その苦痛に対して、「あー、嫌だ」と思うことで、苦痛が増すのです。

あるいは、快楽が心に生じた（快楽という第一の矢が刺さった）とき、その快楽をもっと欲しいと欲望に縛られる第二の矢が刺さると……、欲求してやきもきしているときや手に入れようとして必死になっているとき、結構苦しいのは、割と多くの方が感じていることだと思います。

最初に私たちに刺さった「快」「不快」という感覚の矢に対して、二番目の心理的な矢が刺さるのは、それが凡夫《ぼんぷ》のあり方。それに対して、聖なる仏弟子というのは、矢が刺さったものに対して、気持ちいいという感覚・刺激が生じても、その「快」を反復したい、もっと欲しいという焦燥感にかられることなく、すでに得られた「快」に満足してそこで終わるというのです。そしてまた、苦しみが生じても、苦しいからその「不快」を打ち消したくてしょうがない、そこから逃げ出したくてしょうがない、という感じになるのではなくて、「あ、それは苦しいという感覚にすぎない」と置いておく。

「苦という第一の矢に対して、嫌だと反応するのを止めてしまう」ということで、仏弟子は「第一の矢を肉体には受けても、第二の矢を心に受けず」というふうに説かれている経です。

このことは、いろんな含意を持っている、メッセージ性に富んだ教えですが、この章でお伝えしている「渇愛」の点からは次のことが取り出せると思います。

私たちが自分のした仕事について、良い評価をもらえたとしましょう。その評価の言葉は、客観的には（ありのままには）、「良い評価をしてもっと頑張ってもらおう」とか「悪い点ばかり伝えるとヘコませるから、とりあえず今回はホメておこう」といった意図で行われているかもしれません。

本当のところはそのようにして、「相手がどういう意図で言っているのかは、完全にはわからない」というのが、言葉の本質です。ところが、良い評価をもらえると「快」の刺激を感じる、という渇愛の色メガネを通しますと、受け取った言葉はありのままの音声情報そのものではなくなって、それは私にとって欲しいものである、望ましいものである、追求すべきものである、というふうに「私にとって」という観点から書き換わっていくのです。そのことの弊害は、嬉しい言葉を聞かされると、私にとって「快」だということに流されて、客観的判断ができなくなることです。そして、ヨイショされてしまう。

また、苦しみが走ったときに、これが私にとってとても不都合なものであり、とても気分の悪いものであり、とても無礼なものであり、とても許せない言い方であるとか、とても生意気な態度であるとか、ということを感じる。

人が私たちを評価する言葉の、音声そのものには、ありのままのレベルでは良いも悪いもありません。聞く側が「快」「不快」をつくり出し、それを喜んだり怒ったりしているだけです。

「殺風景である」を例にすれば、私自身の場合なら自分の部屋には何も物がなくて、それは私であれば「あぁ、がらんとしていて気持ちいいなあ」というように「快」を感じます。が、来客の中には「何も物がなくてさみしくない？」とおっしゃられることが時としてありますし、「殺風景で気が滅入る」というように感じる場合もあるでしょう。

ガランとした部屋そのものにも、良いも悪いもありません。それをありのままに見ずに、「快」を感じる私は何もない部屋に執着して物をどんどん捨てようとし、「不快」を感じる私の家族は何もない部屋に調度を置いて装飾しようとし、そこに争いが生じるのです、いやはや。

この「私にとって」という色メガネを外して、ただ現象をありのままに受けとめ、直せば、苦しみや浮つきは消えるのです。

この「私にとって」、という思いが生じてくることと、欲求が生じることや怒り・嫌悪感が生じることというのが、相応しているんですね。

ですので言い換えると、こうして楽受に対してそれを追い求めないという態度と、苦受に対して、それを排斥しようとする心の動きが止まっているということは、「私にとって」

というフィルターが停止して、世界をありのままに認識しようとする方向に心が動いていくということを、含意していると言えるでしょう。

いわば世界を、非常に分厚くて非常にいろんな色がついた、めちゃくちゃな色メガネで見ていたのを、その分厚さを少しずつ薄くしたり、ものすごく奇抜な色がいっぱい塗られていたものの色を少しずつ薄くしていく。そうすることで、自分なりにしか見えていなかった物事が、もう少し元のままというか、そこにあったありのままに認識できるように近づいていけるのです。

「仏教」イコール「八正道《はっしょうどう》」ととらえることもできるかもしれませんが、八正道の中の最初に出てくるのが「正見《しょうけん》」であり、正しく見るって何が正しいのか、という疑問が出そうですけれど、正しいというのは「ありのまま」という意味なんです。

自我のフィルターを通して変形させずに、「物事をありのままに見る」ということですね。入力された感覚に対して、その感覚を追い求めてもっと増やそうとしたり、その感覚を嫌だから排除しようとしたりする、この衝動を抑えていくことにおいて、ありのままを見るということに近づいていくことができるのです。

自分で気づき、自分で調べる

では、実際にどういうふうにすればいいのかについて考えてみると、これは「認識論」の話になっていきます。

どんなふうに私たちが認識しているのかと考えてみたら、先ほど、「あっ！　自分を通じてしか認識できないんだ」ということがわかりましたよね。自分の友だちの脳を通じて認識する、それはできない。あるいは、先ほど取り上げた「これを買ってきてあげたのに、文句を言うなんて信じられない」「だって、買ってきて欲しい物と全然違うじゃない」というやりとりであれば……。言い合っているときに、相手の世界では相手なりの物事の見え方しかしょうがないんだということは、なかなか認識できない。ゆえに、言い合いになってしまう。

相手の世界がどうなっているのかというのは、直接調べることができないのですが、少なくとも自分の認識のあり方というのは調べることができそうです。なぜなら、自分の感覚器官を通じて、この心が認識しているからには、その感覚を調べることはできる。

自分の目に見えている見え方とか、耳に聞こえている聞こえ方とか、舌に触れている味わい方とか、体に触れている気持ちいいなという感覚や、不快だなあという感覚や、あるいはただ歩いている感覚とか、ただ息をしている感覚といった、ニュートラルな感覚など。あるいは自分の考えであれば、「今日は仕事をしたくないなあ……」なんて考えているとして、その考えは確かに自分の中で起きているのですから、調べようと思ったら調べて、自分の思考に気づくことができますよね。

ということで、自分の中で、目・耳・鼻・舌・身体・意識の中で生じている感覚を調べてみると、その感覚に対して、その感覚が苦しみだったり、気持ちよかったり、あるいはニュートラルで気持ちよくも苦しくもないという感じだったりすることに、気づくことができると思います。

こうして自分の中を調べていって、気づいていくというのが、八正道の「正念《しょうねん》」、正しく気づくというファクターですね。ただ気づくだけではなくて、「念」という言葉には、記憶するとか、継続的に忘れずにずっと意識しておくとか、そういったニュアンスも含まれています。今、自分の中でどんな感覚が生じているのかを、記憶するくらいの明晰さをもって、気づき、見つめるのです。

自分の中を調べていると、「あぁ、今は苦しい」とか、「あぁ、今は楽だ」とか、「今は楽でも苦しくもなく、どちらでもない感じだ」というようなことに気づくようになります。

そして、その状態に気づいたら、苦は苦としてただ気づいておき、追い払おうとしないようにする。「快」が生じても、ただそのことに気づくだけにしておこうと努めます。こうして、「不快」と「快」に心が反応しない状態へ近づけてゆくことが、仏道において「中道」と呼ばれる道行きとなります。

ところが大概の場合、「苦しい」という状態を私たちは嫌悪し、排除しようとします。つまり、政治家が不正をしていることや芸能人が不品行をしているのはよくないことだから批判せねばとか、自分に対して乱暴なことを言ってくる人はよくない人だ、と思ったりするようになるのです。

かくして「不快」ゆえに心が嫌な方向に引っぱられもいたしますし、反対に「快」を与えられると、心が浮つく方向へ引っぱられがちになったりいたします。

私のお寺で手伝っていただいているアルバイトスタッフが、近所のどなたかから何か食べ物をいただいて、それが美味しい食べ物だったんですね。そのお菓子を、一緒におすそ分けしてくださりお茶をしていたときに、「美味しいものをくれる人はいい人です」とニコニコしながらおっしゃられるものですから、面白い発言よなあ、と思った次第でありました。

よくよく考えてみますと、多くの人がそう思うからこそ、あまり関係が密でない人を訪問する際に「自分をいい人と思って好感を持ってほしい」とお土産を持っていったり、比較的美味しいと思われるものを選ぼう、持っていこうとしているわけですよね。

そういうことがうまくいったら、相手が自分のことを無意識的にいい人と思ってくれる。自分の舌に「快」を与えてくれて都合が良かったら、少なくともそれをくれた人をくれる前よりも大嫌いだと思うことはなかなか難しいはずです。自分にとってなにか気持ちいい感覚を与えてくれたり、自分にとって心地よい言葉をかけてくれたり、いつも褒めてくれたり、いつも自分の話をよく聞いてくれて意識に良い感覚を与えてくれたり、あるいは自分の肌を心地よく触ってくれたり、というような感じで、「快」の感覚すなわち「楽受」を何度も与えてくれると、いい人だ、味方だって思ってしまうのです。

でもひょっとしたら、私に美味しいお菓子をくれている人が、自分の家の中では横暴で家族を殴ったりしているかもしれないわけで、殴られている人にとってはその人はものすごく嫌な人だというふうにしか見えなくなります。

こういった風情を仏教心理学的に見ると、私たちは受けた感覚に対して欲求・嫌悪を生じさせているだけなのです。「快」↓「欲求」、「不快」↓「嫌悪」という具合に、機械的反応に支配されている。

「いい人そのもの」というのはそもそも存在しないわけで、「いい人だと私たちが渇愛により思い込む人」がいるだけです。あるいは、殴られている人にしてみれば、とんでもないい人っていうラベルを相手に貼り、そういう人がいるということを実体化しているのですが、その人から殴られていない、他の人にとってはそんな実体は存在しないわけです。なぜなら、お菓子をもらって食べている人にとっては、その人は「いい人」というラベルが貼られる人に変身してしまっているからです。

ただいい人とか、ただダメな人とか、ただとんでもない人、というのは存在しなくて、殴られている人の都合にとってはとんでもないと考えられる人とか、お菓子をもらっている人にとってはいい人と思われている人、というのが存在するだけなんですね。

それは相手が人の場合に限ったことではなくて、すべての事柄に関してそう言えます。「美しい絵」「ヘタな絵」というのは実在せず、「Aさんが、美しいと思い込む絵」や「Bさんが、ヘタと思い込む絵」があるだけです。「良い仕事」「悪い仕事」というのは実在せず、「ある脳が良いと解釈する仕事」「別の脳は悪いと解釈する仕事」があるだけです。ですので、よくよく私たちが実体化している観念を論理的に突き詰めていくと、「あぁ、それは存在しないんだ」ということがわかります。それがわかれば、つまり、概念の「無我」「無常」「空」というのが少しわかったことになるのです。

それらの「綺麗／汚い」「良い／悪い」「好き／嫌い」といった概念が実は存在しないんだ、脳が捻じ曲げてつくり出している幻影であって実体じゃないんだとわかると、何かのことをすごく好きと思い込んでいたのがちょっと解けますし、誰かのことをすごく嫌だと思っていたのも少し解けます。好きとか、嫌いというのは幻影にすぎないのだと、心が静かになるのです。

ありのままに見る

ありのままに見ず、気持ちよい感覚に流される判断ミスによって、いい人と思っていた人に裏切られてしまったりもします。あるいは、そんなに大嫌いと思わなくていいはずの人のことを、いつの間にか自分にとってちょっと都合の悪い批判を言ってくるくらいのことで、大嫌いになってしまったりするかもしれません。

その人と接することによる苦しみの感覚に基づいて「とても嫌な人だ」というふうに捻じ曲げているとか、あるいは気持ちいいという感覚に基づいて「とてもいい人」というふうに捻じ曲げているのではないかということに対して、じっと自分に気づきを向けてみる。すると、「あっ、これは『快』の刺激に対して欲求が生じているだけであって、この人が本当に、本当に心の底からいい人であるということではないのだ」というふうに、自分の捻じ曲げている概念から、すっと手を放してやることができるようになると思います。

これが、言わば「心地よさの感受＝楽受」に対して、貪りを起こすことを鎮めていく道であって、あるいは「苦しみの感受＝苦受」に対して、嫌がって怒ることを鎮めていく道なんですね。

その鎮め方として前章で述べたように、「これは良くないものだから鎮めよう」という、作為的に強引な力を加えようとするやり方は、あまり望ましくありません。心というのは〝壊れ物注意〟〝取扱注意〟の代物なので、「これは良くない感情だ、消さなければならない」というような向かい方をしても、「良くない」とマイナス評価するエネルギーに巻き込まれてなかなかうまく扱うことができないものなのです。

それゆえに、扱い方が乱暴にならないように、慎重に。自分をただあるがままに受けとめるとか、ありのままに見つめるとか、自然体のままに置いておくとか、無理な力を加えずに心を見つめるということです。このことは、前章でかなり詳しく取り上げましたね。

自分が苦しみに対して「嫌だなあ」とか、「嫌いな人からうっとうしいことを言われて腹が立つ」とか思っているとする。そこで、「怒っているのはよくないから止めよう」というふうに力を加えるのではなくて、「あっ、自分の心は怒っているらしい」と、気づきを向ける。もしくは、後でもう少し詳しくお伝えすることですが、自分の心の中にある苦しみに対して「あぁ、怒りが湧いているんだなあ」「怒りさん、こんにちは」という程度に、それを抑えようともせず、怒りにのめり込むこともせずに、ただ受けとめる。

受けとめて「ほ〜っ、そうなのか、自分は怒っているのだなぁ」という感じの態度を取っているときこそ、自分の心のことを一番深く理解することができて、そうして受けとめられたときに、怒りというのは和らいでいくのです。

怒りはダメなものだと退けると、怒りを消すことはできます、一時的には。ただし、それは癒えたわけではありません。一定の条件下で何らかのことを他人からされると、「無礼な！」とか、「生意気な！」と思って怒る自分の心が、治ったわけではないのです。ただ、押しのけただけなのです。

「ああ、『失礼なことをされた』なんて怒っているせいで、私は苦しくなっているんだなぁ」と、ただ気づいてみる。もしくは、怒っている背景に自分が傷ついているのがわかるなら、「傷つきよ、こんにちは」「ハロー、傷つきよ」というくらいに話しかけてやって、その苦しんでいる感覚に対して気づきを向け、耳を傾けてやる。

そうすれば、そうやって気づきを向けられ、「傷」の情報が脳にありのままに送信されることにより、「傷」を癒す指令が出され、癒えてゆくのです。

そのためには、自分が傷ついていることを認めなくてはならず、自らの弱さを知らねばなりません。

たとえば、最近の私の事例を挙げてみましょうか。ギクシャクした仲になってしまった知人が、私のいないところで私のことを悪く言っていたことを知ったとき、最初はひどくムカッとしました。「それは、あなたからの一方的な見方でだけ言っていることで、私からの見方だとまた違うように見えているのだから、あなただけの見方で私が悪いように決めつけて言われるのは不公平でもあり、許せない」と。

こうした怒りの思考は、自分の弱さを認めるどころか、「間違っているのは相手で、自分には何の落ち度もないッ」と、強がる方向へと私たちを導きます。

けれども、そうやって理屈を駆使してまで強がっている表面の裏側では、「そんなふうに悪く言われてしまうほど、嫌われてるんだ……」と傷ついている、弱い心が隠れており、その弱くて情けない心のほうが本音なのです。

つまり、「そんな悪口を言うくらいまで、自分のことを嫌わないでほしいな」という甘え（慢心）が隠れているからこそ傷ついている。けれども、自分が弱々しく傷ついていることを直視したくないので、強がって相手を非難したくもなるのです。

ですから、「ありのままの自分に気づく」とは、単に自分がもっともらしい理屈をつけて怒っていると気づくだけでは終わりません。そうして、理由をつけて綺麗にコーティングされた自分に気づくだけではなく、その裏に隠している、弱くて醜くて情けない、ありのままの姿に気づくことが、心を癒すための鍵となるのです。

「ああ、そうか。『嫌われたくないよ、さみしいよ』と傷ついているのを隠して、自分は怒っているのだなあ」と、弱き、ありのままの自分に、柔らかい気づきの光を当ててやる。

このようにして、私自身の弱さを認め、「ありのまま」に受けとめてやっているうちに、傷がいくぶん癒え、怒りも鎮まっていったものでした。かくして、「ありのまま」を見るためには、格好悪い己の姿を見るハメになりますから、けっこう精神力を要するものです。

シグナルを悟る

私たちの自己中心的な、自分の世界を通じてしか見えない世界からしますと、自分にとって嫌な感覚を与えてくる相手に対して、とても腹が立つことになります。そして、ある瞬間に自分が怒っていて苦しいなって気づいたら、その怒りをなんとかしたいって考え始めますよね。

怒っているせいで寝つけないから、さすがにこの怒りをなんとかしたいなって思うかもしれません。それよりも早く、自分が怒っていることのデメリットを感じ始めていて、息が荒くなっていて息苦しいな、というのをきっかけに気づけば、怒りをなんとかしようとします。あるいは、家に帰ってからずっと怒っていて、胸が苦しいからなんとかしたいと思うかもしれません。なんらかの「不快」なファクターを通じて、なんらかの形で自分がしんどくなっていることに気づくから、その状況を変えたくなるわけですよね。

苦しみというのがなんらかのきっかけにならない限り、私たちはそこから脱したいというふうにそもそも欲求しないので、苦しみというのがひとつの大事な、悟るべきシグナルになるということが言えます。

自己中心的になんらかの感情が心に強く生じて、「あの人は自分をだました、とんでもないことだ」というふうに強烈に「自分にとって」の物の見方をするとき、途中までは自分がそれで苦しんでいることに気づかない。気づかないままでいる時間が短い場合もあれば、長い場合もあるでしょう。

1秒くらいで「あぁ、これは苦しいからそれを見つめてみよう」という感じになる場合もあれば、30分くらい「とんでもないひどい奴だ。絶対、やり返してやる」などと考え続けた挙句、さすがになんとかしないとしんどい。そのような感じで、「ちょっとその自分の感情を見つめてみましょうぞ」となる場合もあるかもしれません。

ともあれ、そこのターニングポイントは、苦しいなあと思い始めた時点ですね。鈍感であれば鈍感であるほど、「苦しいからなんとかしよう」というふうに気づき始めるのが遅い傾向があります。自分の心の中身に気づく敏感さを養う練習をしていれば、やや早めにそれに気づきやすくなります。

呼吸瞑想法を習っている方であれば、呼吸を普段から意識する時間が結構あり、自らの息が荒れていることとか、胸が息苦しくなることなどが「不快」のシグナルになって、気づかせてくれるでしょう。「あぁ、苦しくなっているな」と思ったら、それをきっかけにして、その苦しい状態から治るっていう、癒すプロセスが始まるんですよね。

それで、この癒すプロセスを仏教的にまとめて示したものこそが、私は「四聖諦《ししょうたい》」だと思っております。ここでは簡略化して紹介します。

釈迦《ブッダ》は苦しみが発生する原因と苦しみを癒す方法を知り尽くし、四聖諦（四つの聖なる真理）の一番目として「苦聖諦」を説きました。

苦聖諦とは、生まれること、老いること、病気になること、死ぬこと、好きなものに触れ続けているわけにはゆかないこと、嫌なものに触れなければならないこと、思い通りにならないことなどなど、生きるということは苦そのものだという真実のことを指します。これらの苦しみは、今も昔も同じなのです。

これは仏道で、「一切皆苦」と呼ばれることにも通じるものです。そう聞かされて、「そんなことない、人生には楽しいことだっていっぱいある」と思う方も多くいらっしゃると思います。

ただ、ここでいう「苦」とは、西洋仏教でよく“unsatisfactory”と訳されるように、「不満足である」という意味が、その中心にあるのです。私たちの心は、常に不満足さを原動力にして渇愛を起動し、「もっとここを良くしたい、もっとあそこを良くしたい」と願い続けていますよね。

それで、「理想のパートナーが自分に欠けているんだ」と思ってパートナーが得られたとしても、最初に一瞬だけ嬉しい気持ちがした後は、必ず心は再び不満足に戻るものです。相手がいてくれることが当たり前になって、相手の欠点のほうが見えてきて不満足になるとか、「もっと自分のことをよく理解してくれる人が、どこかにいるはずだ」と不満足に陥るものなのです。

あるいは、「仕事での成功や、人々から賞賛される喜びこそが、自分に欠けているんだ」と思って、その渇愛によりガリガリ頑張って成功や賞賛が得られたところで、その刺激にも心はすぐに慣れてしまい、もっと違う刺激が欲しくてウズウズし始め、結局は不満足なところに逆戻りするでしょう。

その不満足さのパワーによって成功を収めている人は世にたくさんいますが、それは結局、自分を苦しめ続けていることに他ならず、「満足したらオシマイだ」という、ありふれた決まり文句は、そうしたマゾヒズムを自己正当化するものでしかないように思われます。

さて、話を戻しますと、私たちの脳は満足して幸せになりたがっているくせをして、実は必ず不満足に戻り続ける仕組みに、プログラミングされているのです。つまり、「満足したいのに、決して満足できない」という、拷問のようなゲームをやらされているとも言えるでしょう。絶対クリアできないような嫌なゲームは、私の子供時代には〝クソゲー〟と呼ばれていたものでしたが、釈迦《ブッダ》が「一切皆苦」と宣言するとき、それは言わば「この人生は、仏道によって脱出しない限り、一生不満足なまま死んでゆくクソゲーだ」と言い放っているようなものです。

いかがでしょう。「一切皆苦」は、正確には「全ての《サッベー》・渇愛による意志《サンカーラ》は・苦である《ドゥッカ》」です。私たちがどんな渇愛によって求めても、結局のところは「不満足」という外れクジを引かされるしかないゲームなのだと、心の底から思い知るなら、そんな渇愛のゲームには興味がなくなりそうに思われませんでしょうか？　苦を思い知ることで、渇愛が弱まり、心が浄化されるのです。

私は半端にしかそれを思い知っていないので、まだまだ「これをもっと良くしたい」「あの人に好かれたい」などと、無駄なあがきに巻き込まれてしまうという、そういう次第なのです。

かくして私たちの抱え込んだ不満足さ、すなわち苦しみに気づくことによってこそ、それを癒していって脱却するというプロセスが始まるという意味において、苦しみこそが道を教えてくれる聖なる教師でもあり、とても多くのものを教えてくれるといったニュアンスを読み取ることができると思います。

そして、まず苦しいんだ、人生は不満足に支配された外れクジゲームなんだと気づかなければ始まらないわけですが、そうしたら、次には「集諦《じったい》」、正式には「苦集聖諦《くじゅうしょうたい》」、苦しみの原因についての真理です。それはいたってシンプル。苦しみの原因・根源というのは「渇愛」である。この章の中心テーマである「渇愛」ということになります。

苦しみの原因を認識する

渇愛というのは、自分の好ましいものをひたすら追い求め、好ましい感覚のもとになるものを集めてコレクションしようとする。その際、好ましからざる感覚や阻害しようとする感覚を排除しようともする。そういう強烈な衝動ですね。

いつも満足していなくて、常により心地よいものを増やそうとするとともに、不快なものを減らそうとして、暴れ回っている収集衝動と破壊衝動がセットになったものとも言えると思います。それこそが苦しみの原因なのであり、①苦諦：今の自分の苦しみ＝不満足さに気づく、②集諦：苦しみの原因である今の自分がとらわれている渇愛に気づく、ということですね。「あぁ、自分苦しいな」とまず気づいたら、その苦しみとどんな渇愛がセットになっているのかということに、気づいてみてください。

「あの人が自分を裏切ったから、とんでもないことになった」とか、「どういうふうにしてやり返してやろうか」とか、「どういうふうにして目にもの見せてやろうか、思い知らせてやろうか」などといった、渇愛の思考こそが、自分の不満足さ、すなわち欠落感を増幅させ、苦しみを増していることに、素直に気づくのです。

そういった渇愛の思考によって強がり相手を責めるのは、本《もと》を正せば自分の不快感を減らしたいからのはずですが、実際にはその思考が原因で、苦しんでいるのは自分なのです。ところが、私たちの脳は馬鹿なので、勘違いをしてしまうのです。まさに、渇愛にはまっていることを通して、苦しいとか、眠れないとか、ご飯がおいしくない、といった風情になってしまっているのに、渇愛を正当化しようとする。

そんなことになってしまっていることに気づいたら、「あぁ、まさにこの考えが苦しいんだ」「この考え、つまりこの渇愛が苦しいんだ」。言い換えれば、「苦しみの原因はこの渇愛だ」というふうに気づきを向け、認識してやればいいのです。

中立的なところに心の中心を置く

さて、こうして自分の心を見つめようとするとき、自分の心を快感の中に置いていたら見つめにくくなります。気持ちいい真っ最中は心が興奮しているので、冷静には見つめにくくなります。あるいは、不快感の中に心をどっぷり浸からせてしまいますと、やっぱり興奮しがちで見つめにくくなります。

ですので、中立的な、快でも不快でもない感覚の中に心の中心部分を置いておくと、自分の心を見つめやすくなるのです。

ただ、心の中に不快な感覚が入力されてきているのに、中立的なところに置けるわけがない、と思われるかもしれません。

しかし、自分の心を見つめるために、中立的なところに心の中心を置くことが役に立つのを実感するのは、そう難しいことでもありません。

たとえば、この本を閉じて家の外に出て、歩くことに一生懸命になりながら、自分の心を見つめてみてください。歩く足の感覚が中立的なので、その「体が動いている」という感じに心の中心が置かれることにより、冷静に心を見つめやすくなるはずです。古代の哲学者が、よく歩きながら哲学したと言われるのも、そうした中庸の感覚を養うためだったのではないでしょうか。

あるいは、瞑想に長けている方であれば、呼吸に意識を置いてやれば、呼吸のとても淡い中立的な感覚に心が乗ってくれることによって、他の不快な感覚や快の感覚がやってきた際に、それらに影響を受けず冷静に見つめやすくなります。

人それぞれのいろんな趣味や特技に応じて、なんらかの中立的な身体的感覚に意識が向きやすいもの、というものがあるはずです。山歩きが趣味の人であれば山を散策しながら自分を見つめる、あるいは水泳に長けている人であればゆっくり泳ぎながら自分を見つめる、などということもできると思います。

そして、たとえば自分の呼吸へと気づきを向けることで中立的なところに心を置いてやりながら、「今度はこういう文面を送って、思い知らせてやろう」だなんていう渇愛思考にはまっている自分を、見つめるのです。

そんな嫌な思考にはまっている自分が、もうすごく苦しくなっていて、最初に相手から裏切られたときのダメージで終えておけばいいのに、やり返してやろうと思っている時点で、先述の矢のたとえで言えば、二本目の矢が自分の心に刺さっている。自分の命を守りたいという衝動、自分が一番大事なんだという衝動が強すぎて、自分が傷つけられたら相手も傷つけてやるというその報復の思いに駆られている最中に、まさに自分の心に矢を刺す。そのフィードバックで、自分の胃が痛くなったり、胸が苦しくなったり、呼吸が浅くなったりして、自分の肌の色も悪くなって、自分も苦しむ。

まさに今、考えているこの今、自分の中に動いている渇愛があるゆえに苦しくなっていく。この考えは正当なものだと思い込んでいたけれど、「まさにこの考えこそが苦しみの原因、苦しみの原因は渇愛なんだ」というふうに認識する。

その際に、苦聖諦っていう言葉とかは必要ないですし、「渇愛」という言葉すら本当は必要ありません。

内容的に同じ事態を意味できさえすれば、言葉なんてただの記号ですから、何だって構わないのです。もう少しフランクな言葉のほうが、みなさんの心にフィットするかと思いますので、言い換えてみましょう。

たとえば、散歩しながらでもいいでしょうし、ちょっと目を閉じて自分の呼吸を見つめながらでもいいと思います。意識の中心を、中立的な感覚の中に置いてやりながら、「あぁ、復讐しようとしているこの考えは、苦しみを生んでいるなあ〜」というふうに自分の心の中でつぶやいてみる。あるいは、「この怒りの感情で、自分は苦しんでいるのだな〜」

「この苦しみの原因、それはこの怒りなんだ」とつぶやいてみるんです。

そして、「苦しみの原因は渇愛なんだ」という原因を分析するところまで受けとめられるようになってきたら、もう随分、そのことを癒すことの一歩手前まできているのです。

ただ苦しみの原因がわかっても、そうした姿勢は、苦しみの原因に対して否定的・拒絶的ですから、心のストレス反応を生じさせてしまい、むしろ感情が「だから自分のこの考えは良くない」とか、「消してしまおう」とか、「どっかに行け」と思って、もつれちゃうんですね。

さっきまで「あの人はひどいッ！　許せない」などといきり立っていたとして、けれどもさすがに夜も遅いし、怒ってばかりいると寝つけなくなるから「こんなネガティブなことを考えることはやめよう」と思っても、さっきまで訴えてやると強いエンジンを吹かしていたので、なかなかすぐは冷めない。すると、やっぱりまた「許せない」とか、「とんでもない」とか、「ひどすぎる」とかいった思いが沸き上がり、「裏切られた」とか「なんで裏切ったんだろう」とか、堂々巡りをし始めるようになってしまったりするものです。

渇愛の背景にある苦しみに向き合う

苦しみの原因を分析するところまできたら、原因になっている考えを無きものにしようとか、消したいという方向に、つまり自分の感情に対して乱暴に、打ちのめそうとか、やっつけてやるとか、ボクシングみたいに向かっていこうとするのは、爆弾の取り扱い方として不適切。そうではなくって、「それをそのまま受けとめてやる」「それをそのままあるがままに認めてやる」という優しい穏やかな心持ちになる。

ないしは、これからお伝えしたいテーマに沿って申せば、自分に対しての「慈悲」の気持ちを保つ。「こんなに苦しくなっているなんてかわいそう、しんどいだろうね」という優しい視線で苦しみの原因を見つめるなら、苦しみが癒えていくものです。

「集諦」の次は「滅諦《めったい》」と言って、苦しみが滅していく真実。「真実」というのは、あまり使いたくない言葉なのですが、要は苦しみが消えていくということですね。

ただ「消したい」とか「消す」と、自分が消すというニュアンスで覚えておくよりも、「癒される」くらいのニュアンスで覚えていたほうがずっといいと思います。もしくは、苦しみをエネルギー転換すると、もっとさわやかな心持ちに癒されて、転換していくとも言えると思います。

ですから滅諦は「滅する」という言葉ではありつつも、「癒されてエネルギー転換される真理」くらいに、もっと柔らかな温かいニュアンスとともに、心の中に留めておいていただけるといいと思います。

たとえば、「復讐しよう」という感情が湧いてきていたら、息に心を乗せながら、「あぁ、この考えのせいで苦しんでいるね〜」とでも自分にちょっと呼びかけてあげるような、優しくつぶやいてあげるような感じで、認識する。

そして、「この考えは苦しいんだ、苦しみの原因なんだ」という認識のところまで持っていってやったうえで、なおかつ、その考えを受けとめてあげる、聞き届けてあげる。そうした、受けとめる視線を引き出してあげやすくするために、もし心の中で言葉を用いるとしたら、その復讐心に対して、「復讐心くん、こんにちは、しんどそうだね」「ごきげんよう、復讐心くん。元気？　大変だろうね」といった塩梅でしょうね。

あるいは、その復讐心という渇愛のレベルではなく、その渇愛の背景にある苦しみという次元で、自分と向き合ってみるのもいいと思います。「苦しみくん、こんにちは。久しぶりだね」くらいの感じで。

誰しも、今苦しいだけでなくて、以前の自分も、苦しかった。「そういえば、思い起こしてみれば、子どもの頃も似たようなパターンで苦しくなっていた。少年（ないし少女）の頃も似たようなパターンで、似たような場で苦しくなっていたなあ」と、「昔から自分は苦しかったよなあ」と懐かしんでみる。

そうやってある意味、苦しみとは敵ではなく、自分の故郷のようなものです。自分の中にこれまで散々埋め込んできた苦しみが、我が業として積もっていて、それが今またちょっと形を変えて、目の前に現れているだけだなあ、と。「あの懐かしい苦しみが、またここに現れてきている。ああ久しぶりだね」という感じで、今までずっと自分の中に埋まっていて、最近ちょっと見ていなかったけど、「いやー、また会ったね、苦しみくん」「ごきげんよう、苦しみくん。ちょっとしんどそうだね」というような感じで、慈しみによって受けとめてやるんです。

そうしたら、その苦しみを嫌がるがゆえに復讐しようと怒っている心が、安まる。あるいは、AかBかどっちにしようと思い、すごく悩み苦しんでいる心を、「あ、迷っていて苦しい、迷いの苦しみくん、こんにちは」「久しぶりだね、しんどそうだね、大丈夫かい？」「君がしんどいのは、わかっているよ」くらいの感じで受けとめてあげれば、その迷い、苦しい感じはおとなしくなって、癒されてゆきます。

ただ冷静であること

なにも、こうして苦しみの原因に向かって言葉で話しかけなくてはいけない、と申しているわけではありません。苦しみを良くないものだと評価することなく、ただあらゆる判断や価値評価を停止してありのままに見つめ、ありのままに聞き届けるということは、ものすごく難しいことなんです。

そのありのままに、ただそこにあるがままに受けとめる――「捨」と書いて平静である、冷静であるという態度が決め手になるのです。

主観のこざかしい判断を加えずに、「今、こういう状態になっている」という純粋なデータのみを、脳にフィードバックしてやることにより、気づきによる自浄作用が働くからです。「良くない」とか「苦しみが消えてほしい」という、余計なデータを入れると、脳が興奮して、気づきの力が働かなくなります。

そのようなレベルで、何も思わずありのままに受けとめるという客観性・冷静さを保つのは難しいので、余計な評価や判断を中和するために、自分の感情に対して優しい心持ちを向けてみる、微笑んでみる、挨拶をしてみるということを、提案しているのです。

挨拶をしてみるというのは、親しみを込めてはいるものの、対象に対する愛着はないんですね。あるいは、自分の感情に対する嫌悪感というのは伴わないんですね。そういう中立的で穏やかな視線を保つためのヒントとして、「ごきげんよう、こんにちは、元気かい」くらいの感じで、自分の感情に乱暴を振るわず、自分の感情に対して暴力を振るわず、ただ抱きとめてみる、ただ聞きとめてみる、ということをやってみてください、ということなんです。

　繰り返しになりますが、わかりやすくまとめますと、ステップ1が「苦しみに気づくこと」、ステップ2は「苦しみの原因と向き合うこと」、ステップ3は、「その結果として、自然に苦しみが癒されること」なのです。

　自分のこの思考こそが、実は苦しみをもたらしているんだということを心に認識させ、そのうえで苦しみに対して「こんにちは」とニコッと微笑んでみる。自分の感情に対して、暴力を振るわず、何も足さず、何も引かず、そのままを受けとめるということにおいて、いろんな破壊的な感情が癒えていくのです。

　そして、自分の中における暴力的な感情が癒えていくと、外界から入力されてくる感覚を、主観により暴力的に捻じ曲げようとする作用が、少しばかりなりとも弱まっていきます。

別に「こんにちは」ではなく、「ハロー」でもいいのです。それこそハローとか言ったら、ちょっとフランクで明るい気分、ちょっと明るくてさわやかな気分になるかもしれません。とても苦しいときに、「ハロー、苦しみよ、久しぶりだね～」。

余談なんですが、このフレーズの元ネタは私が中学生くらいのときに好んで聴いていた長渕剛の楽曲で、「Hello 悲しみよ！」っていう歌があるんですが、そこからなんです。探し出して久しぶりに聴いてみましたら、ついつい聴き入ってしまいました。

「Hello 悲しみよ！ Hello! 久しぶりだね。Hello 苦しみよ！ Hello 待たせたね。あんたが俺の前から姿を消しちまってから、雨降る晩でも月明かりが輝いて見えたし、毎晩俺のうちにはたくさんの友がやって来てカクテルパーティー、そして誘惑の電話が鳴り響いた。（中略）だけど、お祭り騒ぎはそうそう長くは続かなかった。奴らの顔が急にひきつり始めるのを見たよ。俺は出てゆく奴らの後を追いかけて行った。そう、まるでホブソンズの前に並ぶ行列みたいにさ。まったく最高、オイラ有頂天……」っていうような、ハーモニカとギターで弾き語られる歌がありまして。

その歌そのものは、まあちょっと感傷的な歌なのですけれど、歌そのもののことは脇に置いておきましょうか。悲しみとか苦しみっていうものに対して、「ハロー、苦しみよ、ごきげんよう、こんにちは」っていう感じに受けとめてやると、自分の暗く淀んだエネルギーが癒されて、明るいエネルギーに転換する視点を、この歌のフレーズから得られるように思ったので、ちょっと紹介してみました。

じっくりと時間をかけて自分の息を吸いながら、その原因になっている考えをちゃんと認めて、「あぁ、自分は苦しんでいるんだ」とまずは認めてあげる。そして、息を吐きながら「苦しみよ、こんにちは」「ハロー、苦しみよ」と微笑んでみる、ということをやってみてください。

ここで、先ほどいったん言及しました「自己中心性」ということと、「敵・味方」という話に、少しばかり巻き戻してみましょう。

自己中心性を少し静かにさせることについて、世界を捻じ曲げるのを少し弱めてやる、という方法についてお伝えしてきましたけれど、とはいえ、私たちは実際には捻じ曲げていて、その捻じ曲げ方に応じて、世界の人々を、敵・味方・その他大勢というふうに分類してしまっていますね。

仏教ではどんな種類の仏教でも、上座部仏教でも、大乗仏教でも、チベット仏教でも慈悲という発想が強調されるものでありますが、ここでは慈悲を自己中心性を破るためのヒントとしてとらえてみましょう。

含意を読み取る

次は、前にも取り上げましたダライ・ラマ14世の『仏教哲学講義』という本の中で述べられている言葉です。

もう一方は、
たった一人であり、
傲慢であり
「利己的で」
愚かな者です。
（ダライ・ラマ14世　テンジン・ギャツォ『ダライ・ラマの仏教哲学講義』福田洋一訳　大東出版社）

少しだけしか引用していませんが、最初の「もう一方」の前に出てくるのは、では誰でしょう？　私たちの目の前にいる、多数の哀れな人々です。これは、一種の瞑想法をダライ・ラマ14世が提案しているのです。

目をつむって、眼前にたくさんの人々を並べてイメージしてみる。するとその人たちは、私自身が嫌な気持ちを持ったり、不安になったり、悲しんだり、苦しんだりするのと同様に、悲しんだり、苦しんだり、感情的になったりして、しんどい思いをしながら生きている、哀れな人々です。

それは、人間である以上は当たり前のことであり、仏道においては先述のように「一切皆苦」ということを前提にしている以上、すべての人々は哀れな存在なのです。

たとえば、眼前に１００人並んでいるとします。そして、その１０１人目に自分を並べてみましょう。自分も悩んだり苦しんだりしていて、そして利己的で傲慢な人間です。

ここで、この章の最初のクイズでも取り上げた「人は誰よりも自分を優先する」という話に戻したいと思います。

なぜ自分が、１０１人の中で自分を一番最優先するのかと言えば、「自分が自分であるから」という、わけのわからない理由でしたよね。ではここで、それをちょっと破ってみましょう。

ちょっと目をつむっていただけますでしょうか。そして、イメージとして１００人を無作為に並べてみてください。

１００人目の隣に、自分がいるように、イメージします。今は、その自分のイメージの中に意識が同化していますので、その人物が一番大事な個体であるかのように見えるかもしれませんが、その１０１人目の自分のイメージはそこに残したまま、同時に意識はその外部へと引き剝がして、前に申した「天倪」のごとく善意の第三者、まったく無関係で中立的な、客観的な一人のニュートラルな観察者になりきってみてください。

１０１人を外から、雲の上から見つめるような、言わば１０２人目の意識を持って見てみてください。俯瞰してみてください。雲の上というと大袈裟すぎて意識しにくいようでしたら、ガラス張りの部屋の中に１０１人がいて、その部屋の外、少し高い場所から見下ろしているようなイメージでも構いません。

そうして、その１０１人目の自分を、外から見つめるようにします。そして、ダライ・ラマ14世の言葉を借りれば、その１０１人目は一人のちっぽけな利己的で傲慢な人間です。他の１００人も同様に利己的で傲慢かもしれませんが、みんなその意味で憐れむべき存在です。

そのときに、いかがでしょうか？　そのイメージを維持してみてください。101人いて、その中に自分も一人いる。似たりよったりで、みんな自己中心的である。彼らとはまったく無関係な善意の第三者として助けるべきなのは、100人いるかわいそうな人々なのか、それともたった一人の傲慢で嫌な感じの人なのか、どちらだろう？　と判断を下してみてください。

善意の第三者として、まったく無関係の他人として、どちらが大事だろう。傲慢で、利己的で、嫌な感じのたった一人の自分よりも、100人もいる（もちろん彼らも傲慢で利己的でしょうけれども）憐れむべき存在のほうを優先して助けるべきでは、という意識を持っていただけるのではないでしょうか？

自分の心が自分の体の中に閉じ込められていて、この体を中心にしてしか物事を見ないというふうに、自然状態ではそうなっているのですが、今やったように、特殊な意識をつくり出すと、外部から見るとか、まったく無関係の他人として見るということも不可能なわけではないのです。

そして、そのときに、つまり自分の都合というのを完全に離れて、単に論理的に見た場合にどうでしょうか。たぶん、自分を優先すべき理由というのが、消えたのではないでしょうか？

それが消えていたとき、ちょっと楽な感じがしませんでしたか？　もしくは、「う～ん、楽とまでいかないけど、ちょっと気持ちいいかも」という感じがしませんでしたか？

それは、自分をひたすら優先するというのは、一見するとそれが自分に都合のいいことのようでいて、実は、この自我をとっても凝り固まらせて、圧迫感を与え続けているからです。「あぁ、自分を別に優先しなくていいんだ」と、執着の手が少し離れた感じになると優しい感じになり、自分を中心に世界を捻じ曲げる渇愛が少し弱まると楽になっていきます。

楽になると言ってもいいですし、癒されて幸せな感じになるんですよね。修行と聞くとしんどそうに思えるでしょうから、逆説的なことに感じられるかもしれませんけれど。

こうやって、他人と自分を同列に置いてみることとか、他人と自分を入れ替えてみる修行やイメージトレーニングをする。そして、論理的に自分を見ると、自分を優先することの不条理さがわかり、そこから抜け出すようになるのです。

まあ、そんなことを偉そうに言っていても、私自身も自分を優先していることがほとんどです。瞑想をしているときには、そういう状態から脱することができるのですが、普通の意識状態に戻ると、また自分を優先するものです。

それでは、瞑想というものは、あまり意味がないのかと言えば、もちろん、そんなことはないのです。みなさん、瞑想をされた直後にいきなり、ものすごく我がままなことを考えるということは、たぶんないはずです。やがて我がままな自我が出てくるとは思いますが、しばらくは自我が緩んで、「自分↓他者」という圧倒的な段差がついていた優先順位が、いくぶん和らぐはずです。

今、簡単なイメージとしてお伝えしたものを受け取っていただいただけでも、何らかの自我緩和作用があったろうかと思われます。本格的にそういった自他を入れ替えるトレーニングとか、第三者の立場に立ってイメージし、しかも論理的に自分を優先すべき客観的根拠が、はたして見当たるだろうかということを何回も問いかけてみたら、「いや、全然見当たらない」という結論を何回も何回もイメージして、心に染み渡らせていく。そうしていくうちに、心は変わっていくのです。

ダライ・ラマ14世がチベットを追われてからの言論や行動は、苦境に立たされても決して諦めもせず、怒りに駆られるのでもなく、粘り強く平和のメッセージと微笑みを世界中に送り続けるものになっていますね。物事が順調な状況下で、平和が大事とか何とか生ぬるいことを口先だけで言うのは、誰にだってできることです。あの苦境の中ですら彼がそれを成し遂げられるのは、自己中心性を突破して「自／他」の境界を消しているからでしょう。「自分も苦しんでいるし、傲慢な中国も実は苦しんでいる」と。

政治的主張としては、チベット民族やチベット文化を大事にしてほしいと主張はしつつも、決して中国を攻撃しない。この態度をずっと続けることのできる理由、その足腰の強さ、精神的な足腰の強さというのは、そういったトレーニング法に基づいているということが想像できるのではないでしょうか。

何事も受けとめ、抱きしめる

次は、『経集《スッタニパータ》』の中の慈悲について、釈迦《ブッダ》が説いている部分の一部を訳しました。

あたかも母が子を
命がけで守るように
すべての生き物に
無限の慈悲の念を

練習するように。
（『経集《スッタニパータ》』第１４９偈）

子どもへの虐待がしばしば報道される昨今、現実の母親が我が身を顧みず子どもを守ったりするかな、とお感じになる人がいるかもしれません。けれども、現実における自分のお母さんや、自分が知っている誰々のお母さんとかじゃなくて、ある種の理想像としての母親像を思い浮かべてください。なんとなくでも、わかりますよね？　その非常に受容的で、優しく受け入れてくれる存在みたいな、誰もが心のどこかで理想として思い描く存在、というのを参考にするといいと思います。

この慈しみ、慈悲について説かれているパートでは、最初に、心が乱れていて不幸なものも、心がしっかりしていて定まっていて幸福なものも、みな一様に幸いであれ、そう念じるように説かれています。

次に、大きなものも、小さなものも、みんな幸いであれと念じるのです。

その次に、自分が今まで目で見たことがある存在も、まだ目で見たことのない存在も、みな幸いであれ。近くにいる存在も、遠くにいる存在も、みな幸いであれ。すでに生まれたものも、これから生まれようとするものも、みな幸いであれ。さらに、自分の憎しんでいる相手に対して、怒りをもって返すことのないように。言い換えれば、この心が嫌いな対象に対して攻撃を加えないで済みますように、嫌いな者たちも幸いであれ、と念じるのです。

そして、その次の言葉が、この「あたかも母がわが子を命がけで守るかのように、すべての生き物に無限の慈悲の念を練習するように」です。

さらに、自分の上に対して、自分の前後左右に対して、自分の下に対して慈悲の念を広げるようにする。歩いているときも、立っているときも、座っているときも、横になっているときでさえ、眠っていない限りは、慈悲の念を保つようにする……というふうに、続いていくのです。

私は食事の前に、実際にこの順番に沿って、いつもこの慈悲の瞑想を行うようにしています。食事の前を口実に実践することにしたのは、そうすると強制的に毎日続くかな、と思ってやっているのですが、なかなか食べ始められないので、家族からは不評のようです（笑）。

そのときに、大きなもの、中ぐらいのもの、小さなものとか、近いもの、遠くのものとかいうふうに、私たちが「大／小」「遠／近」「愛／憎」と概念的に区切っているものを一応利用しつつ意識したうえで、次にその概念による区別を壊して、全てをズバッと意識してやる。近いものと遠いものを意識したら、一応全部を含むことができるわけです。

大きなものとか小さなものとかは私たちの概念にすぎませんけど、大中小って意識していくと、ライオンやくじらなどの大きな動物から始まって、自分よりちょっと背の高かったり力が強そうだなと思うような人間、自分より背丈の低い子どもや可愛らしい幼児とか、モグラとかムササビとかの小動物とか、それからコオロギぐらいになって、ダンゴ虫やらミジンコやら、だんだん小さく、そして微生物へ……。

まあ、納豆菌とかなら、私自身も「下水に流せば死んじゃうんだろうな〜」とか思いつつ、今日も流してしまいましたねえ。さすがに、納豆菌を救済しようと思うまでの徹底した行動はなかなかできないんですけど、それでも慈悲の瞑想をするときくらいは、あらゆる生命を意識していって、やさしい気持ちをなるべくつくるようにするということをしていく。この順番に従って、いろんな生き物を意識していくと、慈悲の対象を網羅できるようになってくるのです。

そして、自分をも無視はしないで、入れてあげる。たとえば、老いたものも若いものも、これから生まれようとするものもすべて幸せであるように、と念じる際には、自分の年齢を勘案して自分も一緒にそこにいるんだという感覚を持っていただくと、いいのではないかと思います。大中小という大きさからとらえて念じるときには、中ぐらいのところに自分がいるように意識し、自分にも慈悲を向けてみる。

あるいは、その日その日によって幸福度って変わっていきますよね。なので、私は次のようにしています。

最初に幸せなものも不幸なものも、あるいは心乱れたものも心落ち着いたものも幸せであれ、というふうにイメージしたときに、そのときの自分が乱れていたら、乱れていて不幸せなほうに自分も含めて、一緒に憐れんでやるのです。

慈悲といっても、他人に対してだけじゃなく、すべての生き物に対してですから、自分も生き物だから勝手に除外したら不公平ですよね。不公平というか、論理的におかしいですよね。すべての生き物と言いつつ、この自分という生き物は外すというのは論理学に反しますから、入れておけばいいと思います。

そして、こうしてあらゆる生命を意識し始めるとともに、先ほどのダライ・ラマ14世の方法というのをミックスすると、大中小とか幸福・不幸とか、多くの生き物を意識していく際に、自分もそれらの中のちっぽけな一個にすぎないということがわかります。

これは一方で、自分に対して優しい気持ちをつくる練習になるのと同時に、他方では「自分とその他のものとそんなに差はないよね」という意識を、多少でも心に入れることができます。多少入れてもすぐまた戻ってしまいますが、継続して何回も何回も入れておくと、心がときどき優しくなるきっかけを少しはつくってくれるものです。

その際のひとつのヒントになるのが、先ほどの理想的な母親がわが子を抱きしめるようなイメージです。自分が楽なときも苦しいときも、自分で自分を抱きしめてあげる。自分で自分を、受け入れてあげる。その気持ちがいつもあれば、そういう感じで自分に対して接することができるようになれば、とても安らげるのではないでしょうか。私自身、そうやって自分で自分を受けとめ抱きしめてやる道のりを歩んでいる途上ながらも、このことはとても大切なことだと感じています。

それを行うための基礎として、自分をも他の生き物たちと同列に置きつつ、優しい気持ちをつくっておくというのが、役に立つのです。

慈悲の気持ちを育てる

先ほどは、苦諦とか集諦とか滅諦というものを説明する際に、自分の苦しみに気づくことにより、苦しみが私たちの心の方向を変え、導いてくれる先生というか、シグナルとなってくれて、苦しみそのものが癒えていくということについてお伝えしました。

他方で、こうして慈悲の瞑想によって他人の苦しみを意識していくのは、他人に対する悲心、憐みの念、慈悲の念、同情心を起こしていくのに役に立ちます。また、自分に対する同情心を起こしていくことも、やはり自分の苦しみに気づくことの役には立つもので、それは第４章の最後に、改めて述べます。

ところで苦しみは、仏教心理学的には、「苦苦《くく》」と「壊苦《えく》」と「行苦《ぎょうく》」というふうに三種類に分けることができます。

「苦苦」というのは、単純にあからさまに苦しいという、肉体的なレベルに苦しいんですね。あきらかに苦しい、あきらかに苦しんでいる人に対して、「死ねばいいじゃん」とか「苦しんでいて、ざまあみろ」みたいなことを思うのは、よほど心が捻じ曲がっていないと、そうは思わないですよね。

ですから、あからさまに苦しんでいる人に対して、同情するのはそんなに難しいことではないので、慈悲の練習をする最初にはやりやすいかもしれません。

たとえば、難民の人たちを意識したときに、普通なら「かわいそうだな」って思いますよね。

それよりもちょっと、かわいそうって思えるハードルが高そうな苦しみの種類というのが「壊苦」です。

今、すごくハッピーそうに見えるし、この人はすごくお金を持っていて、キャバクラで豪遊したりしてキャバ嬢から素敵とか言われて楽しいと、その人の脳は主観的には感じているけれども、そういった後には必ず空虚感が訪れてくる。その落ち着かない感じを打ち消すために、またもっと激しい何か楽しいことを追い求める。でも、その後には、また空虚感とか激しいむなしさとかに襲われ、とても落ち着かなくてイライラしてくる……。

あまり強烈な気持ちよさを追い求めすぎると、むなしさと苦しみに付きまとわれてしまいます。つまり、「壊苦」というのは、「快楽」に溺れることによって、まさにその「快」があった後にやってくる落ち着かなさというような種類の苦です。

一見幸せそうに見えて、幸せに溺れている人も、またその幸せが壊れる羽目になり、苦しみにもう一度苛《さいな》まれ、苦しみをごまかすためにもう一度、何かを好きになる、というのを繰り返している。

そういう意味では、傲慢そうに見えたり、すごい我がままなことを言ってきたり、羽振りがよさそうに見える人でも、「あぁ、実はその人の『快』が去った後に苦しんでいるのだから、苦しいんだろうなあ」というふうに認識していくことができるようになれば、そのとき、慈悲のパワーがアップしていくのです。相手は一見すると幸せそうに見えてしまうため、なかなか難しいことですが……。

そして、さらにそれを突き進めると「行苦」に行き着きます。「行」というのは心の衝動とか意思ということですけれども、もっぱらこの意思というのは、渇愛によって世界を捻じ曲げる。欲しいという捻じ曲げ方と、嫌だという捻じ曲げ方に貫かれて、この心の意思はあちこち動き回っているのです。

どんな人間もそもそも普通に生きていて、「行」という衝動に突き動かされて動き回っている以上、常に欲求して焦燥感に駆られるがゆえの、落ち着かない苦しみと、嫌がって破壊したいという怒りゆえの苦しみに、常につきまとわれているのです。

別のとらえ方をすると、「ぽっぽっぽ〜」と鳴いている鳩を一見すると、鳩が何を感じているのかも、自分の目とか耳とかを通じてしか認識できないですから、その鳩が「平和そうだな～、鳩は楽でいいな～」なんて思うかもしれません。ですけれど、生きている次元というのは、どんな生き物でも、どんな生き方をしていても、自己を中心にして欲と嫌悪感により世界を捻じ曲げるからには、とにかく苦しいものなのです。鳩も同じなのです。具体的には……。エサを見つけると「欲しい！」と興奮して我先に、競って近づこうとする衝動そのものが苦しい。あるいは、他の鳩に先を越されると、嫌悪感の衝動が生じて苦しい。そして、天敵がやってきたりすると、ビクッとして脅かされ、苦しい。近くで人間がちょっと動いただけで、ビクッとして、苦しい。

そして、その行苦という普遍的な次元で、いろんな生き物を思い浮かべて、「あぁそうか、あらゆる生き物が苦しいんだなぁ」というふうに感じられてくると、とても大きな同情心に拡大していくのです。

ある一人の女の子がジョウロで花壇に水をやっている。やがて、芽が出て花が咲く。そのような感じで、自分の中で慈悲の気持ちを育てる。

育てて大きくなっていくに従って、より大きな、より一般性の高いものに対しても慈悲の気持ちを認識できるようになっていく。そういうイメージを、まるで絵を描くように想像してみていただくと、伝わりやすいかもしれません。

苦しみも喜びも常にあらず

この章の最後にあとひとつ、これも『相応部経典《サンユッタニカーヤ》』の「六処編」から引用して紹介したいと思います。

意を縁として
発生するところの
安楽と喜悦は、
意の楽味。
意の無常、苦、変懐の
法たることは
意の厄難。
(『相応部経典《サンユッタニカーヤ》』「六処編」)

ここで言われる「意を」の意というのは「意識」のことですね。意識を縁、きっかけとして、自我にとって都合の良い情報が脳に送信されると、「安楽」や「喜悦」が生じる。

意識にとってそれらは「楽味」すなわち美味しいものであり、それゆえ人生とは素敵なものとして感じられそうなものであるかもしれない。

それは私たちにとって快い部分だが、ただしこの意識の無常、苦、変懐の法たることは意識の危難である、と切り返してきます。

私たちは、楽しいことを考えたとき、「あぁ、幸せだな～」というふうに思うのですが、その「幸せだな～」と思った状態で幸せ感をフリーズドライして、ずっと保存することは決してできない。「あ、これいいな」って喜びや楽しさをキープしたいと思った時点で、「快」も「楽」も一時的な脳内神経反応にすぎませんから、その反応が消えてゆくとともに苦しみが始まるんですね。

「とても素敵だ」と思った状態が維持できずに、やがて別の状態に移り変わっていったときに、「あのときのあれは、あんなに良かったのに」というような形で、空虚な苦しみが生じるわけです。

この心が移り変わっていくにしても、私たちが「このように移り変わってほしい」と思う通りに移り変わってくれるのでしたら、誰もが超ハッピーになりますね。ずっと幸せな精神状態が一生続くのだとしたら、悪魔にだって魂を売るかもしれません。相手が悪魔であっても、もしそんな願いを叶えてもらえるならいいのかもしれませんが、でも実際はそうはならないですよね。

つまり、無常の自然法則に従って、心というのは一定のなんらかのリズムで、自分の業に従って勝手に変化しています。その自動的変化と別に、私たちは「こうありたい」と思う。本当はうねうねうねうねっと動くのに、直線的に「こうなりたい」と思う。この「うねうね」という現実《リアル》の変化と、意識が現実を無視して「こうありたい」とつくり出そうとする直線は、必ず相反しますよね。

ですから、たまたま「うねうね」が変化してゆくある地点において、「あぁ、気持ちいい」と感じられる刺激を受けることができたとしても、「この状態が良いので、ずっと続きますように」と思っても絶対続かない。絶対に波は無常。変化していき、そして「苦」の意味の本質は先ほど「不満足」だと申しましたが、それは究極的に言えば「幻滅させる」ということです。

みんな、期待するんです。期待するんですが、絶対にその期待通りにはいかずに、心は移ろい、気持ちいい状態が望みに反して消えたとき、がっかりします。そうやって、期待した分だけ、苦しみが必ず後から追いかけてきて幻滅させられるということ、それが楽味に対する危難ということなのです。

そのことがわかったなら、次に続くのは「苦を排除して、楽を追い求めよう」とする渇愛からの出離。もうこりごりだから脱出する、ということへと心が向かうのです。

これは「楽味」と「危難」と「出離」というふうに、よく釈迦《ブッダ》がセットというか、三つ一緒にたたみかけるように説くお決まりの言葉なのですが、これが気持ちよさである、これが危機であり、罠である——そして、その罠に気づいたら、それを鎮めて出ていくことへと、この心は向かうのだ、と。

今は意識についてだけ引用してみましたが、経典ではこの「意」という部分を、「意」そのまま一文字だけ「目」に変えて、目を縁として発生するところの安楽と喜悦は、目の楽味、目の無常、苦、変壊の法たることは、目の危難、そしてその出離が……云々と言った後に、次に「耳」を縁として発生する、うんたらかんたら、次に「鼻」を縁として発生する、うんたらかんたら、というふうにずっと続いていくのです。余談ですが、すべてこの本に記載しようとすると、ゆうに6ページくらいつぶれてしまうほどなのです。

という感じに、くどくどと続くわけですが、そうして全部網羅してみますと、目を通じて生じる気持ちよさも、耳を通じて生じるものも、鼻を通じても、舌を通じても、あるいは、身体の感覚を通じても、そして一番重要なのがこれだと思ってお伝えしたいのですが、「意識」を通して生じる気持ちよさの、その気持ちよさ自体は味わえばいい。味わって、済ませばいいのです。

しかし、それを追い求めたいという執着が生じ、期待、幻想を抱いてしまうと、その幻想というのは私たちが望むのとは違う自然の摂理に従って勝手に動いていく。すなわち、諸行無常。そこに、期待と相反することが必ず起きて、そして苦しむことになる。

という意味で、この世で何か、頑張って追い求めるに値するものが究極的にあるのかというと、何を追い求めても必ず幻滅するように、この世界、ないしはこの心の構造というのができてしまっているので、この世の中に、追い求めるに値するものや、「こうなりたい」と執着するに値するものなど、一切ないというのが、仏教の核心です。

つまり、自分の心の内容は、自分の意思とは無関係に変化していくから、「こうなってほしい」と願い期待するのは、必ず挫折するということです。無常ということです。常にはなく、一定せず変動していく。そして、幻滅させる苦しみの性質を持っていて、変化し壊れていく性質を持っている。

このことが、いろんな自分の経験を通じて意識されていくようになれば、これはまた慈悲とは別のアプローチから、自己中心性に少し小さな風穴を開けることができるものです。

自己中心性すなわち欲求と嫌悪感というものを追求してもどうせ幻滅することになるゲームは無意味なのですから、自分の気に入らないものを退けて一時の快を得ても、自分の好むものを追い求めて手に入れて一時の快を得ても、それはたまたま、一時だけ「うねうね」のリズムと自分の欲求が合致しただけのことで、またすぐに「うねうね」と「自我」は、ズレを生じますから、再び必ず苦しみに巻き込まれていき、新たな欲求と嫌悪感が生まれる、空しいサイクルにすぎないのです。

ということを、繰り返し、繰り返し、心に意識していくようにする。そうすることによって、自己中心性の無益さ・空しさを思い知るなら、心から自己中心性が少しずつ洗い流されていくはずです。

身の程を知ること

この章の最後に、究極的な、少し偉そうな話をしてしまいました。とはいえ、それを述べている私も、それを聞いて理解する皆様もともに、身の程はわきまえている必要があると思います。

それを聞いて「なるほど、そういうことか」とわかったつもりになるかもしれませんけど、それをわかった分だけ自分が進歩したとか、自分が立派な人間になったという気には、あまりならないほうがいいと思います。それは、私自身も自戒しなければ危ないことで、ちゃんと実践しきれていない状態で、こういったことを話したり書いたりすることで、あたかも自分がそれを体現できているような気分になるのを、手放さなければなりません。

私たちは凄いことを実践しているんだとか、誰にもできないことをしているんだという錯覚に取りつかれると、いつの間にか、そうしていない人間より自分は優れているという感覚になってしまうものです。

そうなると、元のもくあみで、「自己中心性を抜け出ている俺様は凄いのであ〜るッ」という、なんだかわけのわからない、自己中心性が噴き出してくる。この心が再び顔を出してくると、また手強いのです。

だから所詮、自分は他の人よりも、他の動物よりも、何も特別じゃない。「自分が自分である」というだけの理由で自己を押し出す不条理にはまり、〝自分大切〟のナルシストになりかねない素質が、たっぷりあるんだと警戒しておくことですね。自分は大切ではないということを、強く認識していることが大事なのです。

自己中心性が高まったと感じたときは、「論理的じゃない、不条理な自己愛に巻き込まれている自分がいるんだなぁ」ということを受けとめて、「よしよし」と宥《なだ》めてほしいのです。

身の程を知っているということ。それが自分のバランスをうまく保ち、道を踏み外さぬためにつくづく大事なことであると、思うところであります。

背伸びをすることをやめてみる

身の程を知り、背伸びをやめてみるとは、ごく具体的にはこういうことです。

私は最近、この本の加筆・修正をしている真っ最中にお別れを経験しました。その際、最後の最後に私が言ってしまった不用意なひと言が、相手を傷つけることになり、最後の別れ際に、不快にさせてしまったのです。

その直後、私は歩きながら、ひどく落ち着かない気分でした。そして頭の中では、「そんなつもりで言ったんじゃないんだ」「さっきまでは和やかだったのに、最後の最後が平和でない印象になるなんて悲しいものだ」「誤解を解いて、別れを綺麗なものに戻すべく、どれだけあなたのためを思って言ったのかを伝える手紙を書こうか」などなど。考えれば考えるほど、疲れていきました。

そして、これらの良い子ぶった思考こそが、背伸びなのです。「相手は誤解しているから、正してあげなきゃ」とか「相手との間を平和にするのが良いことなんだ」という、立派そうな思考の裏に隠れているのは、実は自己愛《ナルシシズム》という名の、渇愛です。良い子の仮面をかぶって、心の裏では、「自分が情けない人間として相手の記憶に残りたくない」「もっと美しいイメージで終わらせたい」という、自分勝手な渇愛ゆえに、心が疼《うず》いて悲しもうとしたがり、落ち着かない。

そんな状況下で、私は宿のお風呂に入って、自分の悲しみを点検してみることにしました。広い湯船にぷかぷかと浮かびながら、「ああ、立派そうなことを考えて、格好つけようと背伸びをしていることよなあ」と。

そうして、「ああ、情けないと思われたくないんだね」「格好つけたいんだね」と、ありのままの自分の姿へと、気づきを注ぎ込むようにしたのです。自らの弱さのままに、「そんなに背伸びしたくなるのは、苦しいからだろうねぇ」と、その苦しみをただ聞き届ける。

気づきがじんわりと心身を包み込んでくれるように、温かい気持ちで、いつのまにやら、リラックスし始める。かくして背伸びをやめて、ありのままの弱さへとまなざしを向けてやると、すっかり肩の力が抜けて、素に戻ることができるものです。「手紙を出そう」とか「わかってもらわなきゃ」という衝動が、結局は自己愛からきていることを素直に認めて、手放す。

この例に限らず、私たちはいつだって、自分を取り繕って背伸びをしています。それは、立派そうな、素敵な自分であろうとするために。そんな自我イメージを保った、何者かになるために。

けれど、何者かにならなくていい。自分の背伸びに気づいてやり、その背後に隠された弱音をじっくり聞き届け、受けとめ、微笑み、じんわりと包み込んでやる。そして、力がユルッと抜ける。そのとき、私たちはニッコリと、こう思うことができるのです。

ああ、何者にもならなくていい。なんて、自由で心地いいのだろう、と。

第4章 ありのまま

「諦める」ということとは

第3章では「渇愛」、そして「自己中心性」ということをテーマにお伝えしてきましたが、この章ではその「渇愛」を破っていく、自分の中に巣食っている「自己中心性」を破っていく、ということについてもう一歩、踏み込んでみたいと思います。

「渇愛」＝「自己中心性」というフィルターを通じて、外界の情報を変形して受け取ることを仏教では「顛倒《てんどう》」と言います。

それは心が偏っていて、物事をありのままにとらえていないということにほかなりません。あらゆるものを自分の好き嫌いという形で偏ったとらえ方をして、自分にとって好ましいという見え方か、自分にとって嫌なものだという見え方か、そのいずれかの形に歪めてしか物事を認識できない、ということです。

「この人は、自分にとって好ましいか好ましくないか」「この食べ物は自分にとって好ましいか好ましくないか」「今日の天気は出かけようとしている自分にとって都合がいいか都合がよくないか」という見え方しかしていなくて、他の人にとって好ましいか悪いかというのは目に入らず、自分にとってどうかという形でしか、物事を認識しないのです。ましてや、誰にとってでもない、ありのままの状態の物事など、まったく脳に入る余地がないのです。

それはつまり、自分の脳のあり方に従って物事を歪めるということにほかなりません。

一方で、そのような私たち人間すべてが抱えている物事のとらえ方というものがあり、他方ではそれに相反して、その偏りを補正していく、歪みを直していくというような心の用い方というのもありえます。これこそ、仏教の提示している可能性ということにほかなりません。

「快」と「不快」に執着して「偏り」を増やそうとする心に対して「快」と「不快」にとらわれない「中立性」へと心を超越させてゆく自由なる道のりが、釈迦《ブッダ》により繰り返し強調されている「中道」なのです。私たちは「快」を増やして幸福になりたがり、「不快」を不幸と見なして嫌がるものですが、仏道の示しているのは、幸福をも不幸をも手放した中道の安らぎ。

そして、「快」・「不快」への偏りを是正する、補正するための手段はすでにいくつか述べてまいりましたが、ここでとりわけ取り上げたいと思っていることは、実は「諦める」ということです。

諦めずに克服することを強要する現代社会

今、私たちが生きている現代社会というのは、いかなることも諦めさせてくれないようにできあがっているように思われます。

自分の持っているもの以上のものを目指して、より完成された状態になるように。より素晴らしくより良いものを求めて常に走らなければならない、というふうに教えられ、追い立てられている私たちです。何かできないことがあればなんとかして克服し、病の状態であれば病院に行って否が応でも治すべきだ、治すほうが素晴らしい、といったような風潮になっています。

それで、現代の発達した技術を用いるなら、実際にそれらをある程度改善してくれたり、満たしてくれたりします。不妊は、諦めずにひたすら「治療」しようとする。顔や体型ですら、整形外科の技術を使えば「より美しく」できてしまう。

なので、諦めようという気になるより、どちらかというと技術とかお金とか道具とかを用いて、本来だったら人間が諦めていたかもしれないようなことを、ひたすら諦めずに克服していこうとするほうに走っているのが、今の世の中の風潮なのではないでしょうか。

それは別の視点から見ると、私たち人間に、いろんなものが自分の思い通りになるのではないか、という幻想を植え付けているということでもあります。

この前、ふと思ったのですが、近代のひとつの一大発明として生まれたテレビというのには二種類の人々が参加していて、テレビに出ている人と、テレビを見ている人がいます。一見すると、テレビに出ている人のほうが有名だし、ギャラももらっているので「いい気分」になっているように見えるかもしれません。

しかし、テレビに出ている人たちはたくさんの人の視線にさらされていて、テレビに出ている存在という評価が嬉しいということの反面、発言する内容に対して視聴者からマイナスの評価を浴びるということの危険を、常に孕《はら》んでいます。その緊張感によって、多かれ少なかれ、心が混乱する要因、ストレスを感じる要因を抱えています。

ところが、テレビというのは、ボーッと見ている側にとってみますと、「一方的に相手を、他者を見続けることができる」という特殊な状況を現出させています。

この一方的に相手を見ていられるという状況では、相手から影響を受けないですよね。もちろん、ある意味では、影響を受けていますよ。その人が言っていることをいつの間にか鵜呑みにしてしまったり、そこで発せられた情報を信じて刷り込まれていったり……。その刷り込まれたことによって、自分の好みがいつの間にか変えられていったりする、ということもあるでしょう。

そういう意味ではなくて、相手が直接自分を批判してくるということは決してあり得ないということ。あるいは、仮に自分がそのテレビに出ている人に対して、間違ったことを言っていると思ったり、気に食わないと思ってチャンネルを変えたりしても、そのチャンネルを変えられた人が、「あ、チャンネルを変えられて残念だ」と、がっかりした顔を見せて反応してきたり、あるいは「なんでそんなことをするの、あなたは？」と不機嫌になったりするということは決してありえません。

こちらが何をしているかというのは、一切相手にはわからないし伝わらないので、ダラ～ンと気楽にいられるのです。つまり、相手はこちらを見ていないので、人目が気にならない・・・・・・ということですね。

思い通りにならないことへの耐力の低下

私はテレビもパソコンも携帯電話も持っていないので、最近のメディア状況のことはよく知らないのですが、デジタル化の波の中で、双方向テレビというのが進んでいたような記憶があり、視聴者がテレビに向けて、何らかの発信をできる、というものだったように思います。

その場合でも、誰がそういう特定の情報を送ってきたのかということは、相手にはわからないわけですから、あくまでも匿名のまま視聴者が影響力を行使できるようになっただけです。

双方向であるという感覚を言い換えると、視聴者にとって、自分の思い通りになるという感覚であり、これをより強める方向に働くのだと思います。

また、最近は以前より、スマートフォンを電車の中でいじっている人が、一層増えています。そして、指を「シュッ、シュッ」というような不思議な感じで動かし、操っている。

スマートフォンやタブレット型の機種の操作というものは、今までのものと比べて、自分の動作がより直感的にそこに起きているバーチャル現実に対して、直接働きかけて、より直接自分が操っている、より直接自分が支配している、その空間が自分の思い通りになるという感覚を強めているように、私には見えます。

その操作に慣れすぎて当たり前になっているとあまりわからないかもしれませんが、そこには快感があるはずです。自分の指の動きに、画面の世界が直接的に従ってくれて、思い通りになるかのような錯覚を与えてくれるという。

また、インターネットの中において、ブログやSNSなどで自分の実名を出しながらずっと一貫して発言している場合は例外として、実名を出さないで書き込みをする場合において、人間の攻撃性が非常に増していきがちになっているのではないでしょうか。

それは、自分の人格を特定されて反撃されるはずがなく人目を気にしなくていい、という安心感に基づくものであり、自分の力を好きなだけ我慢せずにまき散らすことのできる堅牢な状況を確保しているからです。

現実の社会では、面と向かって他人を批判すると、傷ついた相手から自分への攻撃が返ってくることが予想されるため、抑制されることが多いでしょう。ところがネット上では、誰をどんなひどい仕方で批判したとしても、自分がやったということをまず特定されないので、自由に好き放題にできると言っても過言ではないですね。そのため、人目を気にするところでは抑えられていた、人間の邪悪な部分が発露されやすくなるのでしょう。

こんな具合に、挙げ出せばキリがないほど、私たちがスイッチとかボタンひとつで、あたかも自分の思い通りになるかのように感じられる事柄というのが、今の世の中には腐るほど用意されています。

そうした道具や装置に私たちが慣れていくということが、いったい何を意味しているのかと言えば、昔の人たちと比べて、自分の思い通りにならないことにぶつかったらものすごくつらく感じる、耐えられなくなっているということなんです。

「いつも諦めずに済んでいるのに、なぜこれは諦めなければならないのか」という気分になって、全然諦められない。とてもつらく、気分が優れなくなる、悲しくなる、無力感に苛まれるのです。

「愛別離苦《あいべつりく》」と「怨憎会苦《おんぞうえく》」

普段は、文明の機械を通じて〝偽の有力感〟を嫌というほど、心に取り入れて染み付かせているがゆえに、ちょっとした思い通りにならないことにぶつかると、とても苦しくなるのです。

ここで、「思い通りにならない」とはなんなのか、ということを考えてみます。私たちは、自分が会いたいと思っている人とか、好かれたいと思っている人たちに、その人たちが自分の思い通りに自分のことを好きになってくれて、好意を持ってくれて愛情深く接してくれるとか、優しく接してくれるような具合に、うまく操作できるなら、それは思い通りになっていると感じるでしょう。

けれども、「愛別離苦」と言われるように、望ましい状況を思い通りにキープすることは決してできない。愛別離苦というのは好き合った人たちと、いつかは別れなければならない、といったような意味も含んではいますが、より本質的には、好ましいと思う人と一緒にいられても、相手が自分を批判したり、約束を破ったり、嘘をついたりしてきたときに、私たちの心がすぐ嫌な気分になる、というところにポイントがあります。その都度、この心は「愛」する相手に対してイラつくことで心理的に「別離」する「苦」を味わっているのであり、その意味では誰かに愛着を持った以上、相手がこちらの思い通りにならず苦しむことは、必ずやついて回るのです。

そして、「怨憎会苦」と言われるもの。「怨」も「憎」も「にくむ」という意味ですね。自分が好ましくないと思うものに出会ってしまう苦しみ。

いつも笑顔で優しい人としか接しないで済むのであれば、これはすごく嬉しいことですけれど、そういうわけにはいきません。

「この人からこういうことは言われたくない」と思っている人から、気に入らないことを言われたり、「この人のこういう表情は見たくない」と思っている人の表情がとても嫌な表情だったり……。つまらなそうな顔とか、よそ見をしている顔とか、それならまだしも、不機嫌そうな顔とか、嫌そうな顔とかイライラしている顔とか。そんな表情に、しばしば遭遇することでしょう。

そういった心地よくない、自分が望ましくないと思う情報に接さずに済むということは、社会生活を営んでいる限り、ありえない。

人間関係において、愛別離苦は避けがたいことでありまして、好ましいと思う相手が自分のことを同じくらい好ましく思ってくれるということは、なかなか難しいことです。そしてそれを「つらい」と思うなら、そこに苦がつきまとう。

そういうことは、昔も今も変わることのない真理なのですが、そういうときに、なんとかして自分の思い通りにできないだろうか、なんとかして諦めずに済む方法はないだろうか、という妄執を持ち続けてしまうときに、そうしたいのにできないというのは、とても苦しいことです。

あるいは、自分が老いていくことに抵抗しようとしても、自然と老けていき、それに抗《あらが》うことはできません。ある程度、食い止めることができても、しだいに老いていき、最終的には朽ちていく。老いと死から逃れることは、誰にもできません。そういったことは、誰にもまったくなす術はなく、自然に進行していくことなのです。

それなのに、私たちは普段から「諦めない」という姿勢が身に付きすぎているせいで、「なんとかできるはずなのに、どうしてなんとかできないのだろう」とばかりに、苦しみを味わい続ける羽目になっているわけです。こうして「老いるのはイヤだ」「病むのはイヤだ」と、不可能なことを望むせいで心はストレスを感じる。それが、求不得苦《ぐふとくく》です。そのストレスから脱出するための最良の道は、「思い通りにすることなどできないんだ」と悟り、諦めることなのです。

この章では、「耐える」とか、「諦める」などの態度を包含する形で、「ありのままの現実を受容する」ということについて、お伝えしていきたいと思っております。

本当に耐えられないことは、生きているうちに生じない

まず、紹介するのは、マルクス・アウレリウス・アントニヌス（以下、アウレリウス）という第16代ローマ皇帝の言葉です。

アウレリウスはローマ皇帝でありながら、ストア派と言われる古代ギリシャの哲学潮流を信奉し実践していた人で、「哲人皇帝」などとも呼ばれていました。いやはや、高校生のときに習いましたよね。

その人が残した哲学的日記に『自省録』というものがあり、自分を省みる記録、というふうなタイトルで訳されているものです。

この人が面白いのは、皇帝になるのが本当は嫌じゃないくせに「なりたくないんだよね」とか斜に構えて格好をつけるようなタイプの人ではなく、著書を読む限りでは、本当に皇帝にはなりたくなかったようなのです。

利己的な心に打ち勝つ手段として、自制心や忍耐力を鍛えることの実践を説いたストア派。仏教にも若干似ているようなストア派の教えを実践されていて、それを極めたかったらしいのですが、先代の皇帝からその中立的な人格性を非常に評価されて、「どうしてもお前が次の皇帝になってほしい」と強い要請を受けて、断り切れずに即位したという方だったようです。

その人が残している、つらい日々を乗り切るべく自分に言い聞かせている日記文に、次のような言葉があります。

生まれつき

耐えられないようなことは

誰にも起こらない。

そのちょっと後に、こう続きます。

生きることができるなら、
善く生きることもできる、と。
ところで、
宮廷でも生きることはできる。
だから、
宮廷でも善く生きることはできるのだ。
（マルクス・アウレーリウス・アントニヌス『自省録』　神谷美恵子訳　岩波文庫）

彼は、誇り高く生きたいのに、宮廷を見渡すと、権謀術数が渦巻いていて、ついつい「こんなところでは、まともに生きてゆけない。みんな心が汚れているのだから」と思い、逃げ出したくなったのでしょう。

そこで、「いやいや、場所がどこであれ、誰がそばにいるのであれ、生きることができるところでさえあれば、自分だけは心を律して、誇り高く生きてゆけるはずだ」とばかりに、自分自身を励ましているのでしょう。

いやはや、私はついついい、修行に身が入らないときに、うるさい環境や嫌な人のせいにしてしまいたくなりがちなものですから、見習わなければなりませんねぇ。ともあれ、こうしてアウレリウス帝は、仏道で言う忍辱《にんにく》の人だったという感じがいたします。「辱めに耐え忍ぶ」と書いて「忍辱」というふうに呼ぶのですが、これは仏教が発展していく中で、大乗仏教という潮流が生まれてきたときに、大事にされる六つの徳目の「六波羅蜜」と言われるもののひとつに数えられるようになった徳目であります。

おおざっぱに言えば、「耐える」というようなこと、とりわけ「辱めに耐える」「耐え忍ぶ」ということは、自分の主観、認識にとって好ましくない、避けたい、嫌だ、こんなの自分にふさわしくない、起きるはずがない、ありえない、と思うようなことなどに対して、それを忍ぶ、受け入れる、自分に起こるべくして起きたものである、というふうにして受け入れていく心の姿勢を表しております。

「生まれつき耐えられないようなことは、誰にも起こらない」に戻ってみましょう。この人は「本当に耐えられないことが起きたのなら、その人は何らかの形で心が破綻して、死んでしまうであろう」と、こんなふうに考えていたみたいです。

死んでしまう直前までは、どんなに嫌だと思っても、苦しんでいたとしても、耐えているのである。本当に耐えられなくなったら、死んでしまうのだから。今生きているということは、ある意味において、まだ耐えているのだ。

そういう意味で、本当に耐えられないことは、生きているうちには生じない、ということです。ロジカルですねぇ。

嫌なことでも過ぎ去れば過去のもの

次は、私が、そのストア派の思想というのに最近出会うきっかけになった、岡野守也さんという方の本で、『ストイックという思想』からの引用です。

ストイックという言葉が、そもそもストア派という言葉からきているような次第でありまして、先ほどの「耐える」「耐えられない」ということに関して、この方は次のように書いています。

「耐えられない」という判断をすると、
それで余分に悩んでしまう。
けれども、
「耐えているじゃないか、
耐えられるじゃないか」と
考え方を変えると、
「もう耐えられない」と
考えたことによる
心の大混乱は収まっていく。
つらさが軽減されてしまう。
（岡野守也『ストイックという思想』青土社）

この言葉を受けとめると、先ほどのアウレリウス帝の言葉の意味が、よりわかってきたのではないでしょうか。

たとえば、自分にとっては苦手だけれども、家族であるとか同僚や上司であるという事情で、関係を切り捨てることもできない相手がいるとします。う〜ん、あいにく、誰しもそんな相手の一人や二人、いるものですね。そんな人が、私たちにとっては、とっても理不尽に感じられる事柄を押し付けてきたとしましょう。本来だったらその人がやるはずだった仕事を、「手伝ってくれて当然でしょ」と言わんばかりに強制してこられると、うんざりするものです。

「あぁ、もう耐えられない、もう嫌だ、もう逃げ出したい」と思ったりします。ただ、その「もう耐えられない」というのは、事実に即しているのかということを考えてみると、厳密には「これから耐えられなくなりそうだ」と考えているのであって、今はまだギリギリまで耐えているんですね。まだ逃げ出していないし、ましてやまだ死んでいないのですから。

ということは、より事実《ありのまま》に近い形に認識を変えるとしたら、今はまだ耐えているではないか、今はまだ耐えられているではないか。「今はまだ耐えている」というのは、これが現実ですよね、実際は。

それで、実際の現実そのものにより近いものへと、心の中で思っている言葉を変えてみるんです。「あぁ、まだ今は耐えているな」というふうに。すると、格段に耐えやすくなるのがわかると思います。

「耐えられない」という妄想を、「今は耐えている」という事実に気づくことにより、打ち消すということ。これが仏教では先述の「正見」、すなわち「ありのままに見る」ということなのです。

多かれ少なかれ誰しも、先ほど申しました「怨憎会苦」に苦しんでいると思います。そうして、「苦手だなあ」「触れたくないなあ」という嫌悪感が、この脳に植え付けられたのは、1週間前のことかも知れませんし、昨日のことかもしれません。

けれどもいずれにせよ、その苦手意識を植え付けられた元になったものは、1週間前のものであれ、昨日のものであれ、今となっては目の前に存在しない、記憶にすぎません。

さて、「嫌だったセリフ」「嫌だった仕打ち」などの記憶が積み重なってできあがっている嫌悪感が強くなりすぎて、「耐えられない」と思っているなら……。ご自身にとって、そんな、一番嫌な人や物事を思い浮かべながら、そっと目をつむってみてください。そして、その対象について、「今はまだ自分はギリギリ耐えられている」というふうに念じてみるのです。「ここまで耐えられたではないか」ととらえることができれば、以前より少しは楽になるのが、わかっていただけるのではないかと思います。

主観は自分で書き換えられる

こういった事実認識のやり方はストア派の哲学の中で、「論理学」というものに属する考え方なのだそうです。

ストア派の論理学というのは、割に単純で、大まかにまとめると、次のようなことになります。「物事は主観が決めていて、それが主観であるからには自分で書き換えることができる。ただし、事実に即して、真理に即した形で、主観を書き換える。そのことによって、心の平安を得ることができる」といったようなことなのです。

書き換えることができるからといって、たとえば、自分が耐えられない思いをしている相手について、自分が「その人が、実は大好きなんだ」という、そういう書き換えをするのは無理がありますよね。事実に反していますから。

あるいは、「まったく平気なんだ」って書き換えるのも無理がありますよね。それも事実に反していて、自分の心を抑圧しますから。

そうではなくて、「耐えられない」という考え方が、実は非常に非現実的な認識ということです。まだ耐えているのに「耐えられない」と認識するという、事実誤認になっているのを、より事実に近い、よりありのままの形に近い認識に書き換えてあげることで楽になる、という提案なんですね。

実は、このストア派の発想というのを発展させた形で、「論理療法」と言われる現代の主観の書き換え方の技術というのが進んでいったそうです。そのことについてさらにお知りになりたい人は、岡野守也さんの著書『唯識と論理療法―仏教と心理療法・その統合と実践』（佼成出版社）を参照してみてください。仏教の唯識思想と、この論理療法というのを結び合わせて、論じておられます。

生きている限り、耐えられないことはない

そのことを踏まえて、先ほどの「生きることができるなら善く生きることもできる、と。ところで、宮廷でも生きることはできる。だから、宮廷でも善く生きることはできるのだ」というアウレリウス帝の言葉に戻ってみましょう。

この人は、こういうことを自分に呼びかけている時点で、皇帝の職務を日々やっていかなければならないことに関して、いささかうんざりしているようでもあります。「宮廷でも生きることはできる」なんて書きたくなるということは、裏を返せば「こんなところで生きてゆけない」、つまり「耐えられない、もうこんなことやってられない」という思考

に苛まれるからこそ、その負の思考に呑み込まれてしまわぬよう、自分に言い聞かせているのがよくわかるでしょう。

皇帝と言っても、安穏と楽な生活のできる権力者といった風情であるわけでもなかったようで、どうやらその当時は、ゲルマン民族がローマ帝国に大侵入してきていて、ローマ帝国が微妙に傾き始めている時期。そのゲルマン民族の侵入を防ぐべくして、皇帝自ら敵と争っている辺境の地に行って、ひたすら戦っていなければならないような、結構キツい環境でもあったようなんですね。

私だったら、あまりにも大変で、それこそ「こんなところで、善く生きる？　そんなの、できるわけないもんね！」とばかりに投げ出したような気がしますが……。アウレリウス帝は、そこをあくまで自分に与えられた職務として、ひたすらこなしていこうとする中で、日々こうして自分自身を励ます日記を綴っていたようなのです。

それで、宮廷では生きていられない、もう耐えられないという気分になったとか、あるいは、自分の気に入らない部下に対して怒りたい気持ちとか、謀反人を虐殺したい気持ちとか、そんな自分の悪感情を素直に内省し、したためています。

そういう負の感情が、自分の中にあるのを素直に認めて、自分の情けなさにもありのままに気づこうとしている。

そして、そんな状況下にあっても、彼は日記の中に、そういった嫌な人たちもまた、宇宙の歴史を自分と共存してつくり上げているので、たまたま現象的に敵・味方として現れていたり、たまたま自分に従わない存在であったりしても、彼らに対して憎しみを持つといったことは、自分にはふさわしくない、と悪感情を手放す姿勢が貫かれています。

謀反を起こす人間に対して、殺してやりたいという気持ちが湧いてきたりもするからこそ、そうした負の感情をありのままに見つめ、受けとめながらも「そのような感情は、私にはふさわしくない」と、自分を乗り越えようとしているのです。

つまり、「宮廷では善く生きることができないんだ」「こんなひどい環境では善く生きられなくて当たり前だ」と思いそうになってしまうとき、「あ、でも自分は耐えているではないか。耐えられないというのは、そもそも生きている間には起こりようがないではないか」という内省を続けながら、一所懸命生きていた人なわけです。

なかなか、すごい人が昔にいたものだという感じがいたしますね。

何者かになるから、苦しむ

今の話を仏教に接続しますと、詰まるところ、私たちが対象について「気に入らない」「ふさわしくない」「望ましくない」と思うこと自体が、現象を現象のままにとらえているのではなくて、「自分にとってそれは、嫌なものである！」という自己中心的に歪められた見方しかしていないということであり、それは現実の情報が脳内で改ざんされた結果なのです。

人それぞれの「個性」という歪みによって、「耐えられない」と決めつけられている事柄も、「でも現実は今のところ耐えられているよね」と、ありのままの状態に戻してやる、つまり歪みを補正してやったということですね。

それで、そうやって中立的な方向に戻してやることを通じて、私たちの心に生まれていた「渇愛」が消えるということです。

さて、次の言葉は、『The Truth Of Nature』という本からの引用です。「自然の真実」とか「自然の真理」とか訳せましょうか。

著者はタイの仏教僧のブッダダーサ比丘《びく》という人で、タイ語ではプッタタートというふうに呼ばれています。ブッダダーサというのは、〝仏陀のしもべ〟といったような意味で、彼は自分でそのように名乗っていたようです。

もし君が「気持ちいい」という
感覚が生じるのを放置していたら、
君は欲望しはじめ、
また「不快だ」という感覚が
この心に生じるのを放置していたら、
君は憎しみはじめるだろう。
こうして、
好んだり憎んだりする者たちが
できあがる。
これが我（the self）と呼ばれるもの。
「我」の道を行くことは
苦へと行きつき
騙されることへとたどりつく。

（ブッダーサ比丘『The Truth Of Nature』Amarin Publishing・２００６年）

渇愛に基づいて、つまり「自分にとってこう見える」という自分の色メガネを通じてしか世界を認識しないという見方をした場合は、私たちの心の中には、先述のように見えたものに応じて「快」の感覚が生じたり、あるいは、反対に「不快」の感覚が生じたりします。

そして、その不快な感じが生じたのをそのまま放っておくと、私たちは嫌悪し、憎しむようになります。

「快」の感覚が生じたのを無自覚に放っておくと、結果としてその「快」を欲望し、「快」が継続してほしいという心が湧き上がってくる。それをすることを通じて、何が起きるかというと、「この好ましい感覚を欲している、望んでいる自分」という我、私というものがそこに生じてきます。不快な感覚が生じたのを放っておくと、「この嫌な感覚を破壊したいと思っている自分」という我、我執、私、「この自分」という感覚が強まっていくということになります。

「好んでいる者」とか、「破壊したいと思っている者」になるという形で自我が強まっていくことにより、「諦めない」が強まっていくことにつながっていきます。そして、諦めないということの中心にいる「自分！」という感覚が強まっていくというのは、周囲と衝突しなければならない度合いが強まっていくことでもあります。

周囲とぶつかるのは、自分の身の回りの人間たちとの間はもちろんのこと、自分の感情が変化していく際に、以前の自分と今の自分との間でも衝突しますし、自分が老いていくという現実に直面する際にも、諦めたくなくて衝突するでしょう。自分の思惑とは違う方向へと感情が向かってしまい、楽しくしていたいはずなのに、落ち込んでしまうときなどは、「落ち込んでいる」という現実の感情を受け入れることができず、すなわち諦めることができないがゆえに衝突して、苦しみが生じます。

他の人たちとの間でもぶつかって、諦められずに苦しみが生じますし、自然の変化や環境の変化、社会の変化に対しても、諦められずに苦しみが生じます。つまり、「どうこうなるはずが」と思い続けるのに、「どうこうならない」現実に対して苦しくなるのです。

高速の輪廻転生《サンサーラ》

その元凶こそは、「自分！」という感覚なのであります。

さて、「快」を感じると、「好ましいと思う者」としての「自分！」が生じ、「不快」を感じると「憎いと思う者」としての「自分！」が生まれますね。

たとえば私は、この前、幼なじみと温泉に出かけたのですが、「これから温泉でゆったり気持ちよくなれますぞ」と意識すると、「快」を感じ、「温泉を喜ぶ『自分！』」が生まれるのです。

が、こうして生まれた「喜ぶ『自分！』」は、長生きするでしょうか？　いいえ、すぐ老いぼれるのです。

それはつまり、「温泉を喜び続けること」のみに意識が固定され続けるということは決してあり得ず、その喜びは実際に温泉に入るときにピークを迎えた後、すぐにしぼんでゆくものです。生まれたら、老い、弱まってゆく。

温泉からの帰り道では、二人で道に迷ったこともあり、帰宅時間が遅くなりました。その帰り道では、「ああ、夕方には帰って、今日が締め切りの原稿をやらなきゃいけないのに」と、落ち着かない自分がいたのでした。

つまり、「不快」を感じ、「時間の流れや計画ミスを憎む『自分！』」が生まれた。かくして新たな「自分！」が生まれた時点で、前の「喜ぶ『自分！』」は死んだのです。老いて、死んで、そして今度は「憎む『自分！』」へと生まれ変わった、とでも申せましょうか。

そして所詮、「憎む『自分！』」も、締め切り間近にピークを迎えたとしても、それを抜けると老いぼれて、病んで、死に、さらに別の「自分！」へと生まれ変わるのです。

ええ、私たちは、次々と「何者か」として生まれ、生まれたら老い、そして病み、死に、別の「何者か」として生まれ変わる、高速の輪廻転生《サンサーラ》を繰り返しているのですねぇ。

締め切りを抜けなくても、「締め切りになんとか間に合いそうだ」と直感した時点で、すでに「時間を憎む『自分！』」は重病になって死ぬ。そして、「間に合ってハッピーだ」という風情に今度は「快」が生じ、「好ましく思う『自分！』」へと転生する、ということ。

いやはや、そのときだけ、私たちは「良かった、安心できる」とか「生きてると楽しいことがあるなあ」と思えるものです。が、その喜びもまた、締め切りに間に合った際の達成感をピークにして、すぐに老いさらばえて、死にます。そして、生まれ変わる……。

この輪廻転生《サンサーラ》こそが、「苦」そのものなのです。せっかく喜んでも、安心しても、誰かを好きになりトキメいても、ハシャいでも、必ずやその「自分！」は生まれたからには、ピークへと成長した後に、すぐに老いて死に、再び不満足で「不快」な状態へと輪廻するのですから。

おやまあ、すると、いかに私たちの「安心」も「楽しみ」も「喜び」も、当てにならないものであるかが、わかってきますね。また、「憎しみ」や「焦り」や「悲しみ」すら、やはり生じたら老いて死ぬのですから、憎しみや悲しみに自己陶酔し続けることすら許されない。

ゆえに、あらゆる「○○な自分！」は、まったく当てにならず、拠り所にはならず、確かな安心を与えてはくれないのです。

もしも「世界一有名な人」としての「自分！」になって、一時の「快」を感じても、身近な友人から悪口を言われたと知っただけで、「快」などすぐに消し飛んで、「悪口を憎む『自分！』」に生まれ変わり、「不快」に呑み込まれるのがオチなのですから。

「何者かになる」というのは、結局すぐに老いて死に、また「別の何者かになる」という輪廻を引き起こして心をゴチャゴチャさせるだけのことであり、苦労と混乱のみをもたらす、虚しいことだと、感じられませんでしょうか。

だからこそ、「何者かになろうとする」というのは、苦しいだけで無益なのだ、ということです。

この輪廻の苦役《くえき》を踏まえたうえで、『相応部経典《サンユッタニカーヤ》』より引いた言葉を見てみましょう。

生まれた者には、
もれなく死がついてくる。
生まれたなら、
もれなく苦を受け取る。
苦につかまえられ、
最後には殺され、
責苦《せめく》を受ける。
それゆえ、
生まれることを喜ぶのは、
愚かなこと。
（『相応部経典《サンユッタニカーヤ》』第5篇）

私は、この言葉に触れると、心がシィーンと静まり返る心地がいたします。

これは、釈迦《ブッダ》自身の言葉ではなく、弟子の尼僧による言葉だとされていますが、何者かになることに成功する（＝生まれる）まさにそのせいで、「殺される」という責苦を受けるのだと、力強い言葉で事実を言い当てています。

無常・苦・無我に気づく

背伸びをして、「立派な者」になっても、「ステキな者」になっても、「賞賛される者」になっても、はたまた「愛される者」「楽しい者」「幸せな者」になっても、必ずや老い、死に、またクルンと輪廻して、「不快」という故郷《ふるさと》に戻る。

なぁんだ、こうして「何者かになりたい」「何者かでありたい」という有愛は、もしそれが叶っても、どうせすぐに殺されるだけなら、「何者かになる」なんて、無意味で、無駄で、無用のことであることよなあ……。そんな風情に、感じられることでしょう。

「ああ、何者かになっても無駄なんだ」という思いを、そのまま「そっか、じゃあ、別に何者かになろうとして、背伸びをしなくてもいいんだ」という思いへと、接続してみましょう。すると、「何者でなくてもいい」という心の空白が生まれ、心が、ありのままでいることのできる瞬間が訪れることでしょう。

「どうこうしよう」「思い通りに変えよう」とアクセクしたくなる理由の根源は、そうすることで「より良い自分！」になりたいという、有愛です。「そっか、何者にもならなくていいんだ」と肩の力が抜けると、有愛が和らいで、良い意味で諦めることが叶うのです。

仏道のゴールとは、この有愛が完全に癒えることで、もはや何者としても生まれず、輪廻のグルグルから脱出することなのです。

その道理をまとめてみますと、①生まれてもすぐ死ぬ無常が心を支配しているがゆえに、②心は必ず苦へと戻っていくもので、③それは心の思い通りにならない無我である、という、無常・苦・無我の三相《さんそう》へと行き着きます。

この三相という、世界の、ありのままの真相に直面すると、心は執着から離れ始めるのです。それゆえ釈迦《ブッダ》は、次のように高らかに宣言しています。

心が作り出すものは
すべて無常であると見るとき、
心は苦しみから離れる。

心が作り出すものは
すべて苦しみであると見るとき
心は苦しみから離れる。

すべてのものは
思い通りにゆかぬ無我と見るとき、
心は苦しみから離れる。

これが、心が安らぐ道である。
(『法句経《ダンマパダ》』第277―279偈)

ええ、この無常・苦・無我こそは厳然たる事実でありまして、この剝き出しのありのままを認めることで、心は輪廻のグルグル巡りから救出されて、ホッとひと息をつき、安らぐのです。

ここで、ブッダダーサの言葉に戻ってみましょう。無常であり苦であり無我である、ということありのままを私たちが認めようとしなければ、私たちは相変わらず、「好む者」になったり「憎む者」になったり、輪廻転生を繰り返します。かくして、苦しみを増やす方向へと行き着き、そして騙されることへと行き着くというふうに、なかなか強い言葉でブッダダーサは述べていますね。

では、どう騙されているのでしょうか？

目の前の事実が、「好き」「嫌い」という脳内幻覚へと変換されている以上、それは現実ではなくひとつの詐術なのです。

騙されていくとは、事実から離れていくこと

騙されていない状態というのは中立的であり、ありのままに、現実を「良い」とか「悪い」とか変形せずにそのまま受けとめているということです。

けれども、私たちは、現象そのものには「良い」も「悪い」もないということは無視して、自分の心を通じてしかものを認識できません。

ゆえに、「私にとって好ましい」「私にとって好ましくない」という、現実そのものには

属していない属性を、勝手に対象の中に付け加えてしまっています。そして、その「付け加え」を「事実」だと思い込んでしまう。

たとえば、私がある服を見て「あ、可愛いな」と思い、誰かにそれを伝えるときに、ちょっと回りくどく言えば、「この服は、自分は可愛いと思うよ」とか、ちょっとふざけて言えば「自分にとっては可愛いように見える服だよ」とか、そういう言い方をするなら、正確な言葉づかいとなります。あくまで、自分がそのように「良い」と歪めているだけ、ということを自覚しているからです。また、「ねぇねぇ、ここに自分にとっては可愛いと見える服があるけどどうかな」みたいに言ったりすることもあります。ただ、通常は「ねぇねぇ、可愛い服があるよ」と言いますよね。

「ねぇねぇ、可愛い服があるけど、これどう？」と言う際に、その服に対して「可愛い」という属性がくっついているかのように、そのときは半ば思っているでしょう。

けれども、その「可愛い」というのは、その服に、服そのものに宿っている属性なのではなくて、あくまでもこの特定の文化の中に生きている、特定の主観を持っているこの自分の脳の内で我がまま勝手に「可愛い」という印象が生じていて、その印象を服に対して付け加えているだけなのです。

ところが、これが「可愛いから良いものだ」というふうに思い込んでしまうと、事実は服そのものが、「良い」も「悪い」もなく、物体としてあるだけのことなので、その事実そのものから離れていってしまいます。事実から離れていってしまうという意味で、騙されていくということになるわけですね。

自分の尺度と他人の尺度

今の話は、服を例にとってみましたので、そんなに大したことではありません。

しかしながら、前にもお話ししたように、自分にとって気に食わない人に対することになると、そう簡単ではありません。

あくまで、「自分にとっては気に食わない」というだけで、そう感じるのは自分の主観による歪曲のせいだ、と自覚していないと、危ない。「自分にとって気に食わない人は、そもそもダメな人なんだ」「自分にとって気に食わない人は、そもそも間違った人なんだ」というふうに思っているときには、「騙される度合い」がとても強くなっていくので気をつけたいものです。

「その人は、自分の尺度にとっては都合の合わない人だ」というだけなのに、自分の思いの中ではあたかも「その人は、誰にとっても好ましくないような人なんだ」と思い込んでしまうようになっていくのです。

そういう延長線上のものとして、こういう言い方がありますね。

自分がすごく気に食わない別れ方をした相手に対して、男女の仲であれ、喧嘩別れした友人であれ、「あなたなんか、他の誰ともうまくいくはずがない」という「捨て台詞」を吐いたりしたときはありませんか？　私も過去にそう言った記憶があるような、いや反対に誰かから言われたのかな？　よく覚えてないですけれども。

この「あなたなんか、他の誰ともうまくいくはずがない」とか、「他の仕事に変わっても、あなたのことなんてちゃんと見てくれる人がいるわけがない」などの言葉を言いたくなる理由は、単に自分にとって「あなたが好ましくない」だけじゃなくて、「あなたのように好ましくない、と私にとって見える人は、他のすべての人も好ましくない、と思うべきだし、そうするに違いない」とばかりに、自分の考えがすべての人に当てはまるかのように考えてしまったりしているんですね。

「好ましくない」というのが、自分の脳の中でつくり出された幻影ではなくて、相手そのものに、実体的に宿っている属性なんだと思い込んでいるから、そういうことを言いたくなるわけです。

あるいは、そう思い込んでいるので、自分が気に食わないと思っている人を他人が褒めていたりすると、なんとなく自分の考えが傷つけられたような気分になって、「その人がいかに良くない人なのか」ということを、嫉妬も微妙に含みつつ、力説したくなったりするかもしれません。それもやはり、その気に食わなさが、相手に内在していると思い込んでいるからなのです。

しかし、そのようなものは内在していない。それが内在していると思い込まされているのが、これは騙されているということなんですね。

ありのまま、そのままに受けとめる

騙されないように物事を認識しようとするにあたって、釈迦《ブッダ》が強調しているのは、心が現実に接触する入り口であるところの目・耳・鼻・舌・身体・意識の六門を見つめておき、情報がコンタクトする様子を観察しておく、というシンプルなものです。『長老偈《テーラガーター》』という仏典では、釈迦《ブッダ》の直弟子たちが残したとされる言葉が多数収録されているのですが、ここではそのうち、マールンキャプッタ長老が残したとされるものを紹介したいと思います。

簡略に要約しますと、目で見えたものとか、耳で聞こえているものとか、鼻に匂ったものとか、舌で味わったものとか、身体で感じた接触感覚とか、それから頭の中で考えた事柄に対して、それらのどれがこの六つの入り口に接触しても、見えたものは見えたまま、聞こえたものは聞こえたまま、匂ったものは匂ったまま、味わったものは味わったまま、身体で感じたことは感じたまま、頭の中に生じた印象は生じたまま、ありのままに受け止める、そのまま受けとめておく。

この『長老偈《テーラガーター》』で述べている中で面白いのは、そのように物事に相対することによって、「感覚が蓄積されていくことがなくなる」という言い方をしている点です。この感覚というのは、繰り返し述べてきた「快」「不快」の感覚ですね。

「感覚が蓄積されていくことがなくなる」とはすなわち、現代的に申してみますと、美味しいものを食べて「快」を感じても、けなされて「不快」を感じても、その情報が脳の海馬に記憶としてストックされることはなく、サラサラと消えてゆく、ということです。それゆえ、「快・不快→感情→執着」という流れが断ち切られて、心が究極の安らぎへと近づいていく。ちょうど「マールンキャプッタ経」の中では、これと似た内容のことが、釈迦《ブッダ》からマールンキャプッタに対して説かれていますから、ここでの彼の言葉は、師から教わった内容を、彼が自分なりに復習してまとめ直したようなものでありましょう。

私たちの心は、何事を受けとめても、何かを見るとそれを「好ましい」か「好ましくない」かというふうに思い、そのように思ったことをそのまま放りっぱなしにしておくと、その印象が心にこびりついて、すなわち「感覚が蓄積して」、業となっていき、欲求することや憎しむほうへ結びついていってしまう。

すると、「欲求している自分」という感覚が強くなっていったり、「好ましくないと思っている自分」という自我感覚が強くなっていく。「self」という感覚、自我という感覚ですね、それが強く感じられて緊張する度合いが強くなっていきます。

「私の」に執着すると、苦しくなる

次に紹介するのは、先ほども取り上げました、『The Truth Of Nature』からブッダダーサの言葉です。

よく生老病死が苦と、
大仰なわりには曖昧に言われるが、

生も老も死も苦ではない。
もしも「わたしの生」「わたしの老」「わたしの死」
という執着さえなければね。
（中略）
もし私たちが
「わたしが」「わたしの」と摑みかからなければ、
生老病死は苦ではなくなり
単なる身体の変様になる。
（ブッダダーサ比丘『The Truth Of Nature』Amarin Publishing・２００６年）

私たちは、この世に生を受け、それからだんだん年齢を重ねていき、だんだん老いていく。そして、その過程で病にもなり、やがて死を迎える。

まさに、「生老病死」について、正面から語られた言葉ですね。

物質の変化、身体の変化という観点から見ていけば、老いるとか、病になるとかは、まったく自然な何の問題もないプロセスでありますのに、人間の主観にとってはすこぶる望ましくないこと、起きてほしくないこと、嫌なことだというふうに感じがちなものです。

しかしながら、単なる物質、細胞の変化という意味では、特に物質を細かくとらえて原子とか分子とかのレベルで見てみますと、単に同じ物質が結合の仕方を変えていったり、交換していったり、また新たに生成してくっついたり分解したりしているだけです。

私たちが「好ましい」「好ましくない」とか、「生が特別な価値あるもの」であるとか、「死が特別嫌なもの」であるとか、「老いは嫌なもの」であるとか価値付けているものは、主観というフィルターを離れて考えてみれば、それらに良い悪いもへったくれもありません。あるいは、死に対して生が特別なものだとか、生に対して死が特別なものだというのも実際にはありません。それは、ありのままの世界においては単なる変化なのです。

ところが、この単なる変化に、「私が」「私の」という形容冠詞がつくと、我、すなわち主観というものがしゃしゃり出てきて、「良い」「悪い」が生まれます。

心の中で「私の生まれ」「私の老い」「私の死」というように、無自覚に生老病死を「自分のもの」であるかのようにとらえており、それゆえ、病になったら悪い、健康になったら良い、若々しくなったら良い、老いたら嫌だ、死に近づいたら嫌だ、というような形で、常に「自分の生命維持にとって良い・悪い」という視点で物事を測っているのです。

結局のところは、自分が少しでも生き延びたいという「自己中心性」に基づいて生老病死の現象を理解しているので、そのように「私の」「私が」というふうに感じて、そこにthe selfを見出して、執着している。それを単なる身体の変様というふうに達観した見方ができずに、それに振り回されて、とても苦労するということになるんですね。

ですから、「生老病死」というのが、無条件に、無前提に、とにかく苦しみなんだ、というわけではない。「生老病死」というのは「私の」「私が」という認識をはさんだときに苦しみになるし、その「私の」「私が」というのを超越して現象を微視的に、ありのままに受けとめるなら、「あぁ、単なる微粒子の結合・崩壊・変換であることよ。それに嬉しいも嫌もないことよなあ」とばかりに観察することにより、苦しみではなくなるというふうに申せるでしょう。ですから、ブッダダーサが述べているように、生老病死が苦でなくなる条件を心の中につくることは可能だと申せそうです。

かくして、生老病死を嫌がり、少しでも自分の生命力を強めようとして我がまま放題をする、私たちの盲目的生存欲求から脱却する道筋が見えそうですね。老・病・死が単なる物質の変様で、嫌なものでなくなるならば、必死に若々しくあろうとしてもがく必要もなくなる。

「私の」「私が」を超越しきるのは、仏教が目指している、やや深遠すぎる目標でもあるのですが、究極のところで目指している「生きる」「死ぬ」というのを完全に超越した「不死の境地」なのです。

この「不死」というのは文字通りの「死なないで永久に生きる」という意味ではなくて、自分が生きるとか自分が死ぬという観念を超越することにより「生老病死」の苦しみを超越して、死を克服している境地という意味で言っているのです。

自然に従っていればいい

こうして生・老・病・死をサイエンティフィックかつドライに見つめる視線が仏道の真骨頂であると申せましょう。さて、そのような、事実をありのままに見つめる視線を共有するものとして、ここでもう一度、アウレリウス帝の言葉に触れてみたいと思います。

『自省録』中に、このような言葉があります。

もし個々のものが
たえず別のものに変化していることが、

それらの元素自体にとって
少しも恐れるようなことでないなら、
なぜ我々が
万物の変化と解体を
恐れる必要があるだろう。
それは自然に従ったことであり、
自然に従ったことに
悪は何一つないのだ。
（マルクス・アウレーリウス・アントニヌス『自省録』神谷美恵子訳　岩波文庫）

彼はおそらく普段、戦争などという暴力には参加したくないにもかかわらず、大帝国の主としての職責上、侵略してくるゲルマン人との戦いの指揮をとらなければならなかったりしていて、死の脅威にも日々さらされ、実際に日々、何パーセントかは死が怖かったに違いありません。

ただ、そのような中にあって、なかなか彼の精神が強靭なところは、論理的に考え詰めてみれば、死がいかに怖くないものであるかをわかろうとして、自分に言い聞かせ続けていたところです。死とは、ただ元素が一時的に自分として結束しているだけのものが、再び分解していくだけのこと。分解したら、また他の何らかのものと結合していくだけで、その分解と結合の恐ろしく長い無限のような時間の変化の中の、ほんの数十年の間、自分の中にそういう結合が生じているだけのこと。そうしたむき出しの事実を感じ取り、我が血肉にしようと努めていたのです。

死とは、ほんの短い間に無理して結合していた粒子たちが再び分解するだけのことで、それは宇宙とか物質の視点から見たら、何ら悪いことでもないし、次の変化を生んでいくためのひとつの大事なプロセスであるのに、自分という限られた主観を通じて、それに対して「嫌だ」というふうに「否」を発するなどということは、自分にはふさわしくないといったニュアンスのことを何度も繰り返し書き付けています。

元素が生・老・病・死を恐れないのは、当たり前ですよね。自分たちが結合して人間として生成したことに対して、「わーい、嬉しい！　人間になれた！」なんて元素は思わないです、脳みそが思っているだけですから、人間の、ね。

人間の脳みそも、元素によって構成されていますけれども、脳みそが嬉しいとか嫌だとか思っていても、脳みそを構成している元素は「脳みそになれて良かった」とか思っていないですよね。まぁ、それらの元素自体にとって、少しも恐れるようなことではないなら、なぜ我々が万物の変化と解体を恐れる必要があるのか。それは自然に従ったことであり、自然に従ったことに悪は何ひとつない、と言っているのです。

そう自分に言い聞かせて、死とは恐れたり、抵抗したりするべきものでも何でもなく、宇宙の中で数限りなく繰り返されている結合と分解の、ごく一時的なプロセスである。自分が分解すること——分解するというのは死んで分散すること、この身体が結合を失って分散していくこと——それを通じてこそ、次の変化が起きるべくして起きていくのである、ということを伝えているのです。

これは「起きている出来事をただありのままに受けとめて観察に徹するという、「念《きづき》」の態度であると申せましょう。

その真反対を考えてみますと、すこぶる現代的な言葉として、何かが気に入らないシチュエーションに直面すると「ありえな〜い！」という、特殊なイントネーションで叫ぶ若い女性たちがいると思います。「ありえないこと」と言っても、現実に今そこで起きているのです。ありえるから起きているわけですので、「ありえない」というのは、すこぶる非論理的な言葉と言えるでしょう。

ですから、「ありえな〜い」はさっきの「中立性」／「偏り」という点で言えば、「怨憎会苦」に従って非常に偏った物事の歪められ方をしている言葉である、ということが言えるかと思います。

それゆえ、現代で「ありえない！」という言葉が、ちょっとした流行《はや》りになっていて、広く若い人の人口に膾炙《かいしゃ》している理由というのは、先ほどからお伝えしている、「諦められない」「諦めさせてくれない」この文明ゆえのことかな、という気がしますね。

起きていること、それは必然的に起きるのだから、それは避けようがないことだ、しょうがないことだ、というふうに「受容していく」ことが「正念」に支えられた「正見」となります。それとは真反対に、すでに起きている現実を「ありえない」＝「起きるはずがない」というふうに、現実自体を論理のうえでは消去しようとしている。

でも、それは生じているわけですから、どんなに嫌なものであるにせよ「ありえる」のです。起きているのです。

そして、自分にふさわしくないから起きているというのは、論理がおかしいですよね。自分にふさわしいから起きているんですよね。嫌な目に遭うことも、好ましいことが起きることも、そのどちらも……。

人から非難されたり、攻撃されたり、悪口を言われたり、あるいはたしなめられたり、欠点を指摘されたりすると、私たちの心は抵抗しようとして、「いや、そうじゃない。違う」というふうに思ったり、「相手が間違っている」「相手が歪んだ考え方をしている」と考えて言い返そうとしたり、心の中で反論しようと試みるものです。

けれども、ここで覚えておかなければならないのは、少なくともその人たちがそういう振る舞いを私にしてきたこととか、言ってきたことというのは、「ありえない」ことではなく、「ありえる」こと。そうなるべくして、自分は人生を歩んできて、自分のそれを受け取るべく人生を歩んできて、そうなるしかなかったんですね。

相手をそのようにさせる要素は、なにかしら自分には理解できないなりにも、必ず自分の中にあってそうなったのです。

それゆえ、他者から批判されることも裏切られることもまた自然に従ったことであり、自分にとっては嫌なことのように見えるかもしれませんが、自分もまた自然の一部ですし、相手も自然の一部である。その自然の一部がやっていることであって、起きるべくして起きざるを得ないことを、「悪い」「良くない」というふうに、私たちが捻じ曲げるというのは、自分の苦しみを増やすことでしかないのです。

これは、自然に従ったことである、仏教的に申せば「我が業に従って生じたことだよね」と、仕方のないことであるというふうに、私たちがある種の「諦め」をもってそれを「受容」したときに、心が平静に近づいていくのです。

自由にできない身体に愛着を持ちすぎない

次は、再び『長老偈《テーラガーター》』の中にある1150番目の偈からです。

モッガラーナという、釈迦《ブッダ》の右腕のような存在として活躍した僧侶で、漢訳の経典では目犍連《もくけんれん》として出てくる大人物です。

前に紹介しましたマールンキャプッタは含蓄深い26篇を残していますが、このモッガラーナはさらに多い60篇を残しています。

その中でも、なかなか強い言葉を以って、身体について述べている部分です。

この身体は
私にとって

厭《いと》わしいものとしてあれ。
この身体は
肉と腱でつくられた
骸骨のボロ屋であり
悪臭に満ち
他なるものなのに、
「私の」だと思い込む。
（『長老偈《テーラガーター》』第1150偈）

これと併せて、『法句経《ダンマパダ》』の中からも、よく知られた釈迦《ブッダ》の言葉を取り上げたいと思います。

「わたしの子供、わたしの財産」と
愚者は所有欲に支配される。
けれども、

自分すら
自分のものではない。
どうして、
子供や財産が
自分のものであろうか。
（『法句経《ダンマパダ》』第62偈）

ここにある「自分のもの」という語や、先ほどのモッガラーナの言葉にある「私の」という語の意味する仏教的なニュアンスというのは、「自分の思い通りになる」、あるいは「自分の思い通りに隅から隅までコントロールできる、支配できる」というものです。「自分の」と言えるからには、自分の支配下に置けるだろうし、支配下に置けないのなら、それは「自分の」とは言えない、というロジックなのです。

このモッガラーナの、「他なるものなのに、『私の』だと思い込む」という言葉の意味は――「他」というのは、「私のもの」の反対の意味です――この身体は自分の思い通りに、好きなように操れるものではないにもかかわらず、この身体について「自分のものであって、自分の統制下に置けている」というふうに思い込んで、そう思い込むがゆえにこの身体に対して強い愛着を持っている。

その愛着を持つ前提には、この身体は自分のものであって、自分の支配下に置けているものだ、自分が操れるものだというふうに思い込んでいる、というのがあります。

なぜなら、この身体はまったく自分と関係なく、まったく操作できないものだ、という実感があるときに、それに対する愛着というのはそもそも生じようがないからです。ところが実際のところ、後述するように、私たちの意識は、肝心なところでは身体をちっとも支配できていないのが、現実なのです。

物事を捻じ曲げて見せる四つの考えとは

物事を中立的に、中道に立って受けとめるために、支えとなってくれる心的要素を多岐にわたって述べてまいりましたが、ここで身体の話題に触れるついでに、「不浄観」という瞑想法について、付け加えておきたいと思います。

この「不浄」という言葉は、「清らかではない」という程度の意味で理解してください。不浄といきなり言うと「ばっちぃ！」という感じの印象を受けるかもしれませんが、単に

「浄ではない」ということですね。

物事をありのままに中立的に見ることに反した、偏っている、主観的な四種のものの見方を仏教では「四顚倒《してんどう》」と言います。

四顚倒というのは、己の心が現実をありのままに見るのではなくて、捻じ曲げて見ている四つのあり方ということです。無常を常、苦を楽、無我を我、不浄を浄と思い込む私たちの脳に内蔵された、歪みを言い表したものです。

少しだけ順番を替えて、説明してみましょう。

一つ目は、本質的には心にとって強い欲望や嫌悪は楽ではなく苦であるはずなのに、それを楽＝「快」だと錯覚する、脳の仕組みです。

「これは苦しみでしかない」という現実に、ありのままに気づいたなら手放せるはずの幾多の感情を、私たちの脳が「気持ちいい」と情報処理し直してしまうため、手放せずに執着してしまう。

そして、より根源的には、前の章ですでに申しましたように、「苦」とは「不満足なものである」「幻滅させるものである」という意味です。その視点からすると、あらゆるヒト・モノ・コトは、結局、私たちの意識にとって不満足と幻滅をもたらすものでしかない、すなわち苦であるということになります。「苦」とは、これを思い知ることによって、すべてを手放す方向へと心を導いてくれるパワーのある、この世界の真相なのです。

ところが、私たちは「あの人こそは、私を幻滅させないかもしれない」「この仕事こそは、私を究極的に満足させてくれるかもしれない」「この遊びこそは、私を心から充足させてくれるかもしれない」とばかりに、「楽」の幻想を抱いているので、いろいろなものを手放せずに執着しているのです。「背伸び↔ありのまま」という図式からしますと、「背伸びして○△×な自分になれれば、幸せになれるだろう」という「楽」の幻想を抱くせいで、私たちは「もっと○△×になろうッ」と肩に力を入れて苦しむのでしたよね。

そして、せっかく「○△×な自分！」として生まれても、すぐに老いぼれて死に、輪廻のグールグル。苦しみと虚しさは、いつまでも続く、という悲惨な人生です。

それなのに、私たちはそれをけっこう楽しいとカンチガイしている。これが、ありのままの「苦」を悟らない「楽想《らくそう》」なのです。

二つ目は、他のものである、自分の統制下に置かれていないはずのものを、自分の統制下に置かれているというふうに勘違いし、我ではない無我であるものについて、我だというふうに思い込んでいるものがたくさんある、ということです。

よくよく考えてみれば、自分の心臓を自分の思うようなペースに動かすことができるはずがなく、顔にしわが増えたり肌の張りが衰えるのを「やめろ」と命じることができるはずもなく、がん細胞を自分の思うように消せるということがあるはずがなく、自分の血流を思うように巡らせることができるはずがなく、脳の中の重要な部位の働きをいきなり良くすることができるはずがなく、肝臓の数値がちょっと良くないからといって数値をいきなり良くすることができるはずがなく、腎臓の水分調節機能を統制できるかというと統制できるはずもありません。

どれもこれも、実は思い通りにならない。この理法を、釈迦《ブッダ》は次のように厳密に説いています。

過去・未来・現在の
どんな身体も物質も心も、
内側であれ外側であれ
大きなまとまりで見ても、
細かなレベルで見ても、

劣ったものも優れたものも、
遠くのものも近くのものも、
すべての身体と物質について
次のようにありのままに
智慧の目で見るように。
「これは私の所有物ではない。
これは私ではない。
これは私の思い通りにできない」と。
（『中部経典《マッジマニカーヤ》』第１０９経）

そして、もうちょっと突っ込んで言いますと、そういうふうに自分の身体についてこうしたい、ああしたいと思ったり、どうにもならないことに悩んだりすることについて悩みたくない場合に、「悩みたくない」というふうに命令したら、悩みが一瞬で消えるかというと、もちろん消えるわけではありませんね。

ということは、この身体のみならず、この心すらも統制下に置かれていないということなのです。

人は、この心こそは「自分だ」と思い込んでいたり、「自分のものだ」と思い込んでいたりするのですが、けれどもよくよく考えてみれば、いつだってこの心というのは、「こうなってほしい」という私たちの思い通りにはなりません。

心もまた身体と同様に、自然に変化するものですから、それを変化の法則性《ダンマ》に逆らって強引に思い通りに変えようとするのは、ある意味「反自然的」であり、心の、変化してゆく法則性《ダンマ》に反して「こうしたい」と思ってつくり替えようとしても、この心の流れは自然なままなので、そうはいかないのです。

自然は「自ずから然らしむる」と書きますね。古い日本の伝統では、それを「じねん」と読みますが、自ずから然らしめて自ずから変化していく――。

自ずから変化していくということの含意は、人間の意思には従わないということです。この心の変化は、人間の意思に従わず、勝手に過去から積んできた業に基づいて変化していきます。

でも、その変化とは違うほうに動きたいと、この心は欲望します。そのときに、この欲望と、自ずから然らしむる心の変化と言われるものとの衝突が生じますよね。その衝突の中から、苦しみが生まれてくるのです。

このように、この身体についても、この心についても、自分のものとして操れる要素というのはないのですが、にもかかわらず「この心は自分のものだ」とか「この身体は自分のものだ」とか、自分の思い通りになると思ってしまうのです。

自分の思い通りになるという錯覚を、人間という生き物は、かなり根深く組み込まれ、インプットされているわけで、その錯覚を取り除くことが、無我に気づくということなのです。

三つ目は、「無常」であることを「常」だと思う、ということです。

無常というのは、常ではない、連続していない、変化している、断絶している、めちゃくちゃである。

あるいは、もう少し違う見方をすれば、今しがた取り上げました「自然《じねん》」ということにも似ています。自ずから然らしむる。人間の意思とか主観とはまったく無関係に、ひたすらただその法則に従って自動的に変化し、流動し、動き続けるものであるということ。

それは、主観と反対の言葉を用いると「客観」ということだと、表現することもできそうです。

圧倒的な客観。ただ自動的に、強制的に動き流動してゆく、外界の変化や我が内面に起こる変化に対して、主観は「こうなってほしいな」と思ったりするんですけど、必ずその通りにいかず脳内希望と現実が衝突します。

ただ、私たちは、深く物事を見つめないときに、物事は自分の思い通りに固定しておけると思い込んでしまう。それが「常」ということですね。常であって、自分の欲望通りに、外界や内面をいつも好ましい感じに固定しておくことができるというふうに思い込んでしまう。つまり、諦めずに外に対しても内に対しても、あれやこれや注文をつけ、命令しようとする。

この、自然の無常に逆らおうとする自我の「常想」は、先述の通り、現代のインターネットの使い方とか、テレビの存在とかの、一方的に見続けることができる〝ご主人様〟であるかのような立場にさせられるツールを使いすぎることにより、強められている。見る側は、気楽に支配者の立場で見ることができ、思い通りにできる状態のまま固定できるような錯覚を植え付けられ続けている。

実際は、どんなに「いい感じの自分！」のまま固定したく思っても、１００％絶対確実に、その自分はしぼんで殺され、輪廻する。全然、当てにならない。変化するし、頼りにならない、すなわち無常なのです。

その「ありのまま」を認めたがらずに、何かを当てにして自分を固定したがるのが「常想」ですね。

そして四つ目に、本来的には主観を取り除いてみるなら、別に清らかでもなく、素晴らしさがあるわけでもない物事に対して、「これは清らかだ」とか「とっても素晴らしい」とか「素敵だ」というふうに認識するという、不浄のものを「浄」だと見る見方です。私たちが「綺麗・汚い」「素敵・つまらない」「美しい・醜い」「可愛い・キモい」と思い込んでいる人の顔も、鳩の足も、芸能人の肌も、魚の皮も、アルマジロの死体も、リスの尻尾も、青い空も、昭和レトロな家も、北朝鮮のミサイルも、人間の脳により情報処理され変形される前は、どれもただの物体であり、それ自体に「良い・悪い」はありません。

そうした良いも悪いもない物体に対して、自分にとって都合の良いものだけを「素敵」「綺麗」「可愛い」と変形する脳の作用を「浄想」と呼び、それに対してありのままの世界は、「不浄」すなわち浄ではない、素敵でも綺麗でもなく、執着するに値しない、ということです。

アルパカは可愛くて、アルマジロの死体は気持ち悪いなんていうものの見方は、脳の歪みがつくり出す、幻影の世界だということですね。

これが仏教では四つの顚倒と呼ばれ、これら四つの脳がつくり出す幻覚を打ち破って、世界のありのままの姿を目指しているのです。苦であるものを楽だといい、無我であるものを我だといい、無常であるものを常だといい、不浄であるものを浄だと思うということです。

「渇愛」を手放せないでいるのです。

けれども、その四位一体の一部を切り崩すにあたっては、無常・苦・無我をひたすら観察することが特効薬なのですが、それに加えて「浄想」を中和するために不浄想とか不浄観と言われる修行のやり方、トレーニングのやり方がありまして、この章で取り上げてきましたモッガラーナが言っている言葉は、その不浄観の流れに乗っているのです。

「中和」の利く人、利かない人

ところで、仏教で不浄というのは、前述のように単に「清らかではなく素敵ではない」という中立的な意味であるはずなのですが、仏教の教典の中に出てくる言葉は、肉体というものについては、中立というより嫌うほうに寄っているかのように見えなくもないものが多いようです。

なにせ先ほどのモッガラーナの偈を見てみても、「骸骨のボロ屋」とか「悪臭に満ち」といった表現は、中立的というよりは、やけにネガティブであるようにも思えます。こういう強い言葉、まるで身体を嫌悪し攻撃するような言い方というのは、この身体を大好きでありすぎる私たちの執着に対して、ショックで反対方向に力を与えて、執着を薄めさせようとするような、そういった意味合いであえて用いているのかなという気もします。

この不浄観的な発想は、私たちが自分の肉体を「すごく大事なものだ」「すごく素敵なものだ」と強く執着しすぎているのを中和します。「好き、好き」とか「楽しい、楽しい」とか「面白い、面白い」といった風情に、ハイテンションで、いつも楽しみすぎて、面白すぎて、浮かれすぎている人を中和するのには役に立つと思います。

けれども、普段からそこそこ落ち着いていたり、そこそこ悲観的だったり、そこそこマイナス思考だったりする人には、身体は汚れていて嫌悪すべきものだなんて突きつけるのは向いていないのです。

自分の身体が汚いとか、悪臭がたまっているとか、血液がドロドロしているとか、あんまりそういうことを強く意識していきますと、もともとその人が持っている悲観的な感情をどんどん後押ししてしまって、中立なありのままになるどころか、自己嫌悪するとか、気分が落ち込んで滅入ってしまうというようになったりするものなので、注意が必要です。

両極に行きすぎるのが一番良くない

どんなふうに戒律が制定されていったかということを示す仏典に『律蔵』というのがあり、その中で不殺生戒が成立した経緯について述べられていて、いかにも作り話っぽいエピソードがあります。

釈迦《ブッダ》の弟子たちが、師の言いつけに従って不浄観の修行をしていた。釈迦がしばらく留守にしている間も、その修行を続けていたものの、「自分の身体は汚くて、嫌なものだ」という思いのあまり、「もう早く死んだほうがいい」と考え始める人たちがいた、と。

修行をしていた僧のグループの何人かが、こうして非常に悲観的な気分になって「もう死にたい」と言い出し、ミガランディカという偽のお坊さんに「もう殺してください」というようなことをお願いしたそうです。ミガランディカは、「私が殺して、救ってあげましょう」と死を讃美して、たくさんのお坊さんが喜んで殺してもらったのだとか。

そして、釈迦が戻ってきたら、そこにたくさんの僧が死んでいるのを目の当たりにしたのです。それで、釈迦《ブッダ》は「あなたがたは、もう不浄観するのを止めなさい」と言うと、それをきっかけとして「人を殺してはならないし、自分を殺してくれと頼んでもならないし、死を讃美してもならない」という戒律ができたというエピソードなんです。

不浄観は、なかなか強烈な影響を心に与えるようなことだということを示したくもあったのでしょう。このことを踏まえましても、大事なのはやはり「中立性」であり、行きすぎて「悪い」とか「ダメだ」とか、嫌だと嫌悪する方向に、マイナス思考のネガティブな方向にもっていってしまっては、元も子もないということを覚えておいてください。

それは、不浄ということでもそうですし、無常とか苦とか無我とかということについて考えてみても、「苦しみばかりならば、自分が楽しいと思っていることも、実は苦しみかもしれないし、もう生きる元気がなくなる気がしてくる」とか、「この体が自分のものではないなんて、もう自分は生きる気力がなくなりそうだ」とか、そういう方向に気分が向かうことだってありえるのです。なんとなく滅入っているとか、やる気をなくすとか、落ち込んでいくとか、そういう影響を心に及ぼしていることが感じられているようでしたら、無常・苦・無我・不浄という真実は人間の常識を破る劇薬みたいなものですから、「今のところ、自分にはそういう劇薬は強すぎて危ないかもしれない」ととらえておくといいと思います。

とはいえ、自分の身体を自分が支配できる、自分の所有物である、とは言えないにもかかわらず、それを自分だと思い込んでいる。そして、身体とは、実は肉とか腱とか骨とか、結構気持ち悪いと感じるようなものばかりでできていて、それを肌で一見きれいに見えるようにコーティングしているだけのものなのに、私たちはそんなものを素敵にしておきたいと執着してしまう。

無常・苦・無我・不浄の四位一体は、適切に心に刻み込むならば、これらすべての執着を吹っ飛ばす威力を持っているのです。

思い通りになるという考えを持たない

ここで今一度、「私の」の話について、触れてみたいと思います。

「私の子ども」「私の財産」など、我々の心は所有欲に支配されています。けれども、そもそも自分の身体や自分の心すら、本当のところは支配できておらず、細かいところでは何も命令できていない。

ということは、自分が自分のものであるとは、どうやら言えないのではないかということを前提にすれば、自分すら自分のものでない、ということになります。

あえて別の言葉を用いて、「自分の自分」という言い方をしてみましょうか。この自分が自分のものだという、「自分の自分」というのが成立するのかどうか。成立しないということは、何度も示しましたね。

さて、これを踏まえて、「自分の子ども」というのが成り立つのか、と考えてみましょう。これが成り立つためには、「自分の子ども」の「自分」のところに、「自分の自分」を代入したものが成り立つ必要がありますね。つまり「自分の自分の子ども」とか、「自分の自分の財産」というような言い換えをした場合に、変な言い方ながらもこれが成立する必要があるわけですが、「自分の自分」が成立しない以上、「自分の自分の子ども」は成立しないですし、「自分の自分の財産」というのは成立しないですよね。

けれども、私たちは、うっかり「自分の自分」が成立すると思い込んでしまうことがしばしばあります。

そう思っているときは、その思い込みに基づいて「自分の自分の子ども」だけでなく、「自分の自分のあなた」とか「自分の自分の友だち」とか「自分の自分の同僚」とか広げ始めると、それも思い通りにできるではないか、と思い込んでしまいます。

自分さえ思い通りにできないのですから、そもそもその先はないのですが、「自分の自分」（自分を思い通りにできる）という妄想を前提にして「相手を思い通りにする」というほうへ向かっていったりしてしまうんです。ましてや、それが「自分の自分の子ども」だったりしたら、なおさらでしょう。

けれども繰り返しますと、それらすべては主観に従属していない、圧倒的な客観《ありのまま》です。自ずから然らしむるものは、「私」とは無関係に、めちゃめちゃに動いていきます。自分の子どもも、自分のパートナーも、自分の友だちも、自分のお父さん・お母さんも、あるいは、おじいさん・おばあさんも、めちゃめちゃに動いていきます。

にもかかわらず、思い通りにしようとして諦めきれない。「こうなってほしい」「ああなってほしい」「こうなるべきだ」「もっとああするべきだ」というように欲がつきまとうがゆえに、諦めきれないがゆえに、私たちの心に圧迫感が生じて苦しくなるんですね。

このように主観を通じて現実を捻じ曲げることで私たちは「自分のだ」「いつか満足できるものに出会うはずだ」「思い通りに物事を固定できるはずだ」と錯覚し、騙され続けているのですけれども、無常・苦・無我・不浄の薬により、捻じ曲げ方をゆるめていくことによって、客観《ありのまま》に近づいていく。圧倒的な客観《ありのまま》に、目を見開いていくという方向性。良い意味で諦めてゆくことにより、「こうしなきゃ」「ああしなきゃ」という無益な思考から、自由になる。

その遥かなる道を歩もうとするのが、仏道です。先述のストア派の発想というのも、それと道を同じくすることができそうですし、あるいは第2章で、仏教以外の中国のいろんな伝統も紹介しましたが、老子とか荘子とか列子とか、ああいう発想とかもまた、同じような道に名を連ねることができるのだと思います。

この世の中には、「道を歩む」生き方をしたいと思ったら、いろんな流儀や叡智というものがあるので、私たちはそういったものをなるべく味方につけながら、常に「私の」により歪めていこうとする心の性質を補正し、中立的なところに戻していきたいものです。

ある種の「諦め」とともに、心に余裕を持って生きる

ありのままに、中立的に受けとめようとしても、それが、一番難しいのがほかならぬこの自分自身の心です。ついつい、自分を良く見すぎたり、反対に卑下したり……。そういった背伸びや卑下をせず、自分を素のままに見つめるのは、意外に難しいものです。

私たちは自分の感情に対しても「都合が良い」「都合が悪い」と色を付けて評価してし

まうものですから、ありのままに念《きづき》を保つ代わりに、ついつい次のように判断を混ぜ込んでしまいがちです。

すなわち、喜びややる気や冴えた感じや幸福感が生じているときは、「これは良い。これが長く続くと嬉しいのになあ」と願う。そして、嘆きややる気のなさや鈍さや不幸感が生じると、「この良くない感情を早く消したいから、念《きづき》を向けてみよう」とばかりに、自己観察をしたつもりになる。そんな塩梅です。

ところが、「良いものは長く続いてほしい」というのは、欲求の心理反応であり、脳に快感物質ドーパミンを分泌しようとして、心は興奮状態に陥ります。

また、「良くないものは消えてほしい」というのは、嫌悪のストレス反応であり、ストレス反応をつかさどるノルアドレナリンが脳内分泌されて、やはり心は興奮状態に陥ります。

心がこうした興奮状態に置かれる以上は、どんなに現在の自分の感情を客観的に自覚しているつもりでも、念《きづき》による自浄・最適化作用は働かないのです。

ですから、自分の感情に対しての態度として適切なのは、それが良く見える感情であれ悪く見える感情であれ、長引かせたいとも願わず、早く消えてほしいとも願わず、ただ気づいておき、見届けてやることです。感情とは、すこぶる無常なものであり、どのみち変化してゆくもの。「この感情も、やがては変化する。一時的なもの、無常なもの」という思いで、執着せず、ただ変化を眺めてみる。

確かなものなど何もない！

It's not sure!

（アーチャン・チャー『Food for the heart』Wisdom Publishing・２００２年）

ここに取り上げたのは、今は亡き、上座部仏教の偉大なる瞑想指導者アーチャン・チャーが、繰り返し述べている言葉です。

イッツ・ノット・シュアー！（それは、確実ではない！）

彼の説法をまとめた著書『Food for the heart』において、アーチャン・チャーが挙げている例では、お気に入りのペンを買ったとしても、そのときの喜びを観察してみるがいい。すると、使っているうちに、初めて使ったほどの喜びはなくなり、やがて飽きてくる。いかなる喜びも（反対に嘆きも）一時的なものにすぎず、確実な拠り所にはならない、と言うのです。

この諸行無常を体得するために、アーチャン・チャーが勧めているのは、次のようなすこぶるシンプルなことの実践です。

喜怒哀楽、どんな感情が起きて心が執着しそうになっても、そこにズバリ

"It's not sure!"

と念じてみる。

浮かれてきても、イッツ・ノット・シュアー！　落ち込みかけても、イッツ・ノット・シュアー！　怒りかけても、イッツ・ノット・シュアー！

どんな思いが生じても、その思いは永続する実体など持たない空虚なものにすぎないと言い聞かせて、執着を離れるというのです。

このことを聞いて、「ほほー、なるほど。それは良さそうだ」と快い気分になっても、その快に対してすらも、「イッツ・ノット・シュアー！」を食らわすくらい、徹底してく

るなら筋金入りということになりましょうか。

この「イッツ・ノット・シュアー！」は、私の場合、執着と力みを手放すのに、結構効き目がありまして、しばしば実用している次第です。感情は無常であり、当てにならない、と手放すことで、心が中立に戻るのです。

智慧＋慈悲＝ありのまま

そうした中立的な態度へと戻り、すべてを感情抜きに、ありのままに受けとめること。どんな「自分！」になったとしても、それはすぐ老いて死ぬ、無常で当てにならないもの。不満足で苦をもたらすもの。思い通りにできないもの。ああ、無常、苦、無我、不浄。これこそこの心と世界の、剝き出しの、ありのままです。

この、ありのままを観察する「智慧」が、仏道の両輪のひとつ。その、ハードコアな厳しい智慧を、補助してくれるもうひとつの車輪が「慈悲」。自分の感情を中立的に眺めるためには、慈悲の念を向けてみるのが役に立つと、先述しましたね。感情への執着がある以上、そこには苦しみがある。その苦しみを、憐れんでやることで、心が穏やかな中立へと、戻りやすくなります。

自分の心は、生きている限り、ありとあらゆる機会ごとに苦しくなるという厳然たる事実を、「仕方ないね、つらいだろうね」という憐みをもって、中立的に受けとめる。受けとめやすくするための四つの言葉というか四つの段階というものを、最後に提案させていただきます。

一つ目は、感情に振り回されているというわが苦しみについて、じっくり耳を傾け、最後までよく聞いてみることです。

二つ目は、その苦しみがどういう苦しみであり、どんなふうに苦しいのか。いたずらにその苦しみを「うん、そうか」で済ますのではなく、より深く理解しようとすることです。わが苦しみを、きちんと理解することです。

三つ目は、ティク・ナット・ハンの述べているかのごとく、その苦しみに「微笑んでみる」ことです。これはもはや、「受けとめている」ことに近づいているのです。

そして四つ目には、そのように微笑みかけることができた苦しみについて「抱きしめようとする」ことです。

我が苦しみを「消そう」とする（ストレス反応）でもなく、苦しみがなくなるのを「早く早く」と願う（欲の反応）でもなく、何にも要求せず、ただただそのままに、抱きしめてあげる。無目的に、無意味に、ただ「仕方ないね」と諦めて、抱きしめたときに、心の中の凍っていた部分が解けて、法則性《ダンマ》に沿った形での自然な変化が促進されます。苦しみが溶けて和らぐのです。

以上を踏まえて、実際に念じてみませんか。

目をつむっていただいて、順番にイメージしながら、言葉で念じてみましょう。

①「我が苦しみを、聞き届けんとす」
②「我が苦しみを、理解せんとす」
③「我が苦しみを、微笑み受けんとす」
④「我が苦しみを、抱きとめんとす」

好ましい方向に捻じ曲げて受けとめるのでなく。嫌だという方向に受けとめるのでもなく。「そのようである」という事実に立脚して、同情心をもって受けとめるということです。

一見すると自分の思い通りになり、介入でき、踏み込んで掻き回すことができるように見えるこの心すら、実は自分の思うようには掻き回せない。なんらかの掻き回し方はできても、掻き回すほどに心はこんがらがっていくものです。

これまでお伝えしてきましたように、他人に対してのみならず、自分に対してすら「こうなれ」「ああなれ」と肩に力を入れて口出しするのは逆効果なんだなという、無常・苦・無我の「諦め」を保って、ただ中立的に見つめる念《きづき》に徹する。

それが仏道の核心です。

この「諦め」のランプを心の部屋の片隅に灯しておいてやり、背伸びをせずに済む余裕を持ちながら、ゆったりした心持ちで過ごしていきたいものです。

片手には智慧を持ち、もう片手には慈悲を持ち、中道を歩いてまいりましょう。私たちはしょっちゅう、智慧を落っことしもいたしますし、慈悲を落っことしもしますけれど、そのつど拾い直して、たどたどしくとも、ありのままの自分でいられますように。

あとがき

最後に「あとがき」にかえて、本書の成立過程を簡単にご紹介したいと思います。

この本は、朝日カルチャーセンター新宿校で4回にわたって行われた講座「自分を省みる　仏教の学校」の内容に、大幅に加筆・修正をすることによって生まれました。

実際の講座は、引用する文献の言葉を手書きで紙に書いておき、それに私のイラストレーション付きでOHP（オーバーヘッド・プロジェクター）に映しながら、お話をさせていただきました。ほんのちょっとだけ、紙芝居のような具合に。

本書の文章の中には、ライブ感が残るように、話し言葉を残した部分と、書き言葉の硬質な表現に改めた部分が併存しております。それぞれ、良い具合に機能しているといいのですけれど、如何だったでしょうか。

講座で話した内容をまとめたものを読みながら加筆・修正をしてゆくにあたっては、「えー、自分はこんなわかりにくい話し方をしてたかなあ？」「えー、こんなつまらない話をしたかなあ？」などと、自分の現実を受け入れられなかったりもして、それもまた背伸びゆえのことですね（にっこり）。そんな自分を認めながらの、執筆でありました。

講座の担当者・磯野昭子さんには、いろいろとご迷惑をかけてしまっていることを恐縮しつつ、いつも明るい笑顔で迎えていただき、愉快な掛け合いによって助けられました。ここに改めて、御礼申したく思います。

そして、担当編集者の吉田光宏さんから、最初に「本をつくりたい」というオファーをいただきましてから、恐ろしく時が経って、ようやく今回、本書として形になりました。原稿の加筆・修正の最終局面において、キメ細やかで的確な対応をして下さいましたことは、ずいぶん安心して作業することができ、助けられた次第です。吉田さんの忍耐強さと継続性なくして、本書が日の目を見なかったであろうことを感慨深く思いつつ、御礼を申し上げて、「あとがき」を閉じることといたします。

二〇一三年の年の瀬に　　小池　龍之介

［引用文献］

洪自誠『菜根譚』（中村璋八・石川力山訳注　講談社学術文庫・1986年）
さかもと未明『女子のお値段』（小学館・2012年）
新宮一成『ラカンの精神分析』（講談社現代新書・1995年）
ダルマキールティ『Pramanavarttika』（Tom Tilemans 訳　Verlag Der Osterreichischen・2000年）
ダライ・ラマ14世テンジン・ギャツォ『ダライ・ラマの仏教哲学講義』（福田洋一訳　大東出版社・1996年）
フランツ・カフカ『変身』（高橋義孝訳　新潮文庫・1987年）
山竹伸二『「認められたい」の正体』（講談社現代新書・2011年）
『老子』（奥平卓・大村益夫訳　徳間書店・1996年）
『荘子』（岸陽子訳　徳間書店・1996年）
ティク・ナット・ハン『あなたに平和が訪れる禅的生活のすすめ』（塩原通緒訳　アスペクト・2005年）
マルクス・アウレーリウス・アントニヌス『自省録』（神谷美恵子訳　岩波文庫・2007年）
岡野守也『ストイックという思想』（青土社・2013年）
ブッダーサ比丘『The Truth Of Nature』（Amarin Publishing・2006年）
アーチャン・チャー『Food for the heart』（Wisdom Publishing・2002年）

引用文献

▽仏典

『経集』(スッタニパータ)
『長老偈』(テーラガーター)
『法句経』(ダンマパダ)
『自説経』(ウダーナ)
『相応部経典』(サンユッタニカーヤ)
『中部経典』(マッジマーニカーヤ)

これらの仏典を現代語訳にするにあたっては、『南傳大蔵經』(大蔵出版・1936年)の訳を参照しました。

著者略歴

小池 龍之介（こいけ・りゅうのすけ）

月読寺（神奈川県鎌倉市）住職、正現寺（山口県山口市）住職。

1978年生まれ、山口県出身。東京大学教養学部卒業。2003年、ウェブサイト「家出空間」を立ち上げ、現在は、自身の修行のかたわら、月読寺と正現寺を往復しながら、一般向けに坐禅指導を行っている。

主な著書に『考えない練習』『苦しまない練習』（小学館）、『平常心のレッスン』（朝日新書）、『超訳 ブッダの言葉』（ディスカヴァー・トゥエンティワン）、『もう、怒らない』（幻冬舎文庫）、『「自分」を浄化する坐禅入門』（PHP研究所）ほか。

家出空間 http://iede.cc/

角川SSC新書 208

"ありのまま"の自分に気づく

2014年1月15日 第1刷発行
2014年3月10日 第3刷発行

著者 小池 龍之介
発行者 馬庭 教二
発行 株式会社 KADOKAWA
〒102-8177 東京都千代田区富士見2-13-3
電話 03-3238-8521（営業）
http://www.kadokawa.co.jp/
編集 角川マガジンズ
〒102-0076 東京都千代田区五番町3-1
五番町グランドビル
電話 03-3238-5464（編集）
印刷所 株式会社 暁印刷
装丁 文京図案室（カバー、章扉）
Zapp!（表紙）

ISBN978-4-04-731621-8 C0295